Kurt Brückler



# Der Land-Schamane

ENNSTHALER VERLAG, 4402 STEYR

www.ennsthaler.at

ISBN 3-85068-581-0


Ennsthaler Gesellschaft m.b.H. & Co KG, A-4402 Steyr
Satz und Druck: Ernst Denkmayr GmbH, A-4020 Linz

# INHALTSVERZEICHNIS


Einführung ........ 6
Als das „Ich“ in mir erwachte ........ 8
Als das „Ich“ in mir erwachte ........ 12
Großmutter Theresia, „die Geschichtenerzählerin“ ........ 13
Meine Mutter, „die fürsorglich Liebende“ ........ 17
Mutter, das hast du in mir hinterlassen ........ 28
Vom Maler und Anstreicher zum Masseur ........ 29
Vom Masseur zum Geistheiler und Schamanen ........ 37
Die Technik der Selbstheilung oder wie aktiviere ich meine Selbstheilungskräfte ........ 51
Die heilsame Meditation – Einleitung ........ 64
Die heilsame Meditation ist „Liebe“ ........ 68
Erfolgreich behandeln durch die Heilsame Meditation und durch die Spirituelle Organreinigung ........ 74
Licht und Dunkelheit (Jänner 2000) ........ 76
Briefe von Patienten ........ 77
Gedanken zur geführten Meditation „Die Reise nach Tibet“ .. 89
Die meditative Reise nach Tibet ........ 91
Meditationsteilnehmer erzählen über ihr Erlebtes bei der Reise nach Tibet ........ 100
Tibetische Gedanken zu dem Wort „Gefühl“ ........ 109
Schamanismus, wie ich ihn sehe ........ 110
Was Schamanismus für mich bedeutet ........ 111
Woher kommt der Schamanismus? ........ 113
Was ist ein Schamane? Wer ist ein Schamane? Wie wird man zum Schamanen? ........ 115
Meine Art, „schamanisch zu reisen“ ........ 119
Wie ich, Herbert P., zum Schamanismus fand und meine schamanischen Reisen erlebte ........ 121
Heimkehr des Großen Geistes ........ 151
Die Einladung ........ 152
Nachwort ........ 154

# EINFÜHRUNG

In der Nacht vom 17. auf den 18. März 2002 um 23:30 Uhr beginne ich dieses Buch zu schreiben. Es ist eine Nacht, wie viele vorhergegangene. Ich kann, wie schon so oft, nicht schlafen. Bin ich zu müde um zu schlafen? Oder brauche ich durch meine Arbeit und den Umgang mit der Energie nicht mehr so viel Schlaf? Heute Nacht ist dies auch nicht wichtig. Denn heute Nacht ist für mich die Nacht der Nächte, denn mit ihr ist der Zeitpunkt gekommen, wo ich den Mut dazu habe, mein Innerstes – mein wahres Ich – nach außen zu kehren und mein Herz zu öffnen, für mich selbst und für dich. Was ist nun so mutig daran, sich zu öffnen und dann auch noch ein Buch darüber zu schreiben? Das wirst du dich nun fragen. Ich möchte dir darauf eine Antwort geben: Sich selbst zu erkennen, mit all seinen positiven wie negativen Eigenschaften, sich so anzunehmen und zu lieben, wie man ist, das ist für mich Mut. Mut ist aber auch, anderen und sich selbst zu vergeben und dies voll und ganz, hinter seinen Aussagen und Handlungen zu stehen. Bildlich gesehen heißt das, man muss die brennende Fackel so hoch über dem Kopf tragen, dass sie für jeden Menschen zu sehen ist. Eine brennende Fackel unter dem Tisch nützt niemandem und macht denjenigen, der dies tut, nur unglaubwürdig. Die Zeit ist reif; aus seinem Schatten heraus in das Licht zu treten, aus der Nacht in den Tag zu gehen, vom schlafenden zum erwachten, vom ungläubigen zum gläubigen, vom kranken zum gesunden, vom lieblosen zum liebenden, vom unharmonischen zum harmonischen, vom zurückhaltenden zum mutigen, vom bedeutungslosen zum bedeutungsvollen und vom kleinen zum großen „Ich" zu werden.

Ich will dir von meinem bisherigen Leben erzählen, so wie ich es sehe, mit all seinen schönen und dunklen Seiten. So werde ich weder etwas beschönigen noch mich selbst beweihräuchern. Dir möchte ich meinen Weg vom schüchternen Jungen bis zum Schamanen und Geistheiler schildern und näher bringen. Es war ein harter und steiniger Weg und er war oft von Aufgabe durch negative Einflüsse bedroht. Aber ich möchte dir sagen, dieser Weg hat sich gelohnt und ich möchte nichts – aber auch wirklich nichts – vermissen, was mich auf meinem Weg ins Licht begleitet hat. Ich würde ihn immer und immer wieder gehen.

Mein Leben war und wird auch in Zukunft ein Leben des Lernens sein.

Mit diesem Buch möchte ich dir Mut machen, dein Leben zu ändern, einen neuen Weg zu gehen, der erfüllt ist mit Liebe. Liebe bedeutet und beinhaltet wohl die wichtigsten Grundsätze des Lebens. Nach diesen Grundsätzen zu leben kann auch deinen Alltag bestimmen.

Was LIEBE für mich bedeutet:

Glaube
Demut
Harmonie
Toleranz
Vertrauen
Vergebung
Geben und Nehmen in gleichem Maße
Sexualität

Für mich ist Liebe der Schlüssel zu den Geheimnissen des Lebens und des Kosmos geworden. Mit diesem Schlüssel habe ich das Tor geöffnet in mich selbst. Darin habe ich erkennen dürfen, dass ich zuerst selbst heil werden muss, damit ich anderen Menschen heilsam helfen kann.

Ich wünsche dir, dass du die Liebe und deren tiefe Bedeutung annimmst und sie umsetzt, die Liebe in dir wirken lässt und wenn du selbst heil bist, sie dann an die gesamte Schopfung und den Kosmos weitergibst. Das Tor in dich selbst wird sich damit für dich ganz weit öffnen.

Viel Glück, Licht und Liebe für dich.

# ALS DAS „ICH“ IN MIR ERWACHTE

Das Licht der Welt erblickte ich in der Nachkriegszeit als vierter und jüngster Sohn meiner Mutter Albine. Hineingeboren in eine harte, aber schöne Zeit, behütet, umsorgt und geliebt von Mutter und Brüdern. Aufgewachsen im Bergwerksort Bleiberg, in dem es viele Arbeiterfamilien gab, mit nicht zu großen Einkommen, aber stolz darauf; ein „Bergmann“ zu sein. Stark im Miteinander, für einander da zu sein. Man grüßt sich mit dem Gruß der Bergleute „Glück auf“. Man hat Achtung voreinander und Respekt vor dem Alter. Lebensfreude drückte man aus durch die Familie, intensives Vereinsleben und Geselligkeit.

Bleiberg ist ein Tal in Kärnten, das meine unvergessene Heimat ist.

Es war ein weiter Weg in die Volksschule. Ich musste ihn zu Fuß bewältigen – Sommer wie Winter. Aus heutiger Sicht betrachtet ein toller Frühsport in reiner, frischer Luft. Ich hatte mit meinen Freunden auf dem Hin- und Rückweg viel Spaß, aber auch Streit. Die Schule selbst war ein altes Gemäuer mit großen, hohen Räumen, im Winter schlecht beheizbar, einfachen Tischen und Bänken. In der ersten Klasse benützte ich noch Griffel und Tafel zum Schreiben. Mein Lehrer war auch gleichzeitig der Direktor der Schule. Ein würdiger, gerechter Herr. Den Stock, der zum Bestrafen der Schüler gedacht war, benutzte er nur gelegentlich. Für mich hat er ihn nie gebraucht. Er hatte etwas Väterliches an sich und er konnte gut die Sagen und Geschichten von Bleiberg erzählen.

Wenn ich mich heute in diese Zeit zurück versetze und an die Geschehnisse von damals erinnere, so kommt in mir die Erkenntnis, dass dies der Beginn der erlebten Visionen war. Ich versuche es dir so zu erklären. Diese erzählten Sagen lösten in mir das Gefühl aus, alleine sein zu müssen. Im allgemeinen war es dann so, dass ich mich in ein kleines Wäldchen in der Nähe unseres Hauses zurückzog, um hier zu träumen. Diesen Ort des Träumens und der Visionen gab ich den Namen „Zauberwald“ und dieser Name war so geheim, dass es gar nicht mehr geheimer ging. Die Leute des Dorfes nannten in „Kurz-Waldl“. Hier fühlte ich mich geborgen und sicher. Für mich wurden die erzählten Sagen und Geschichten zu reellen Erlebnissen. Sie liefen wie ein Farbfilm vor meinen Augen ab und manchmal war ich selbst der Hauptdarsteller darin. Ein anderes Mal wieder erlebte ich alles von einem erhöhten Platz aus. Was ich damit sagen will, ich war dabei und doch nicht dabei. Dies alles verwirrte mich damals sehr. Es war eine Situation, mit der ich nicht umgehen konnte. So träumte und durchlebte ich in meinem Zauberwald die schönsten Sagen und Märchen. Mal war ich der große Held, der Prinz, der Ritter, der König, der Zwerg, der Retter oder der Sieger. Wie viele Stunden oder Tage waren es wohl, die ich mit meinen Träumereien verbracht habe? Damals stellte sich die Frage nach „Zeit" noch nicht. Dies kam erst viel später. Ich war gerne alleine und ein zu ruhiges Kind, wie auch mein damaliger Lehrer meiner Mutter bei einem Elternsprechtag mitteilte. Er meinte, ich müsste lebendiger werden, mir nicht alles von meinen Mitschülern gefallen lassen und nicht so schüchtern sein. Aber ich weiß, meine Mutter liebte mich so wie ich eben war und ich selbst konnte ja in meinen Träumen der große, mutige und von allen bewunderte Held sein.

Dennoch war ich kein Einzelgänger. Ich hatte gute Freunde und Spielkameraden, ob Jungs oder Mädchen. Wir hatten kein Spielzeug, denn unsere Eltern konnten sich das nicht leisten. So wurde von uns selbst welches gebastelt. Dabei waren wir sehr kreativ und wenn ich mir kurz ein paar Worte erlauben darf, wie arm, ja wie arm, sind doch heute die Kinder. Sie bekommen alles, was sie möchten an Spielzeug und Spielen, aber wo bleibt da die Kreativität und die Gemeinsamkeit, die Freude daran, selbst etwas zu schaffen. Der nahe gelegene Wald und der darin fließende Bach waren unsere unerschöpflichen Quellen der Inspiration und deren Umsetzung in die Wirklichkeit. Sie lieferten uns alle Baumaterialien, die wir benötigten, um Häuser, Dörfer, Burgen, Bauernhöfe und deren Tiere, Straßen, Landschaften, ja selbst Menschen daraus zu formen und zu bauen. Unserer Fantasie wurden dabei keine Grenzen gesetzt.

Ich danke Gott dafür, dass ich eine solch wunderschöne Jugendzeit in einer noch intakten Natur verbringen durfte. Aber auch die Menschen – sie waren anders als heute. Füreinander da zu sein, in jeder Lebenslage, das wurde hochgehalten. Miteinander und nicht gegeneinander, dies war ein gelebtes Prinzip.

Wie gerne erinnere ich mich zurück an die unzähligen Feste in unserem Nötschendorf. Es wurde einfach alles gefeiert: Geburtstage, Hochzeiten, die Errichtung eines neuen Brunnens, die Aufstellung eines Fahnenmastes und dergleichen. Mein Bruder Max war und ist für solche Feiern ein begnadeter Organisator und Vortragender seiner eigens dafür geschriebenen Gedichte und Episoden. Es wurde getanzt, gelacht, oft auch geweint, gesungen – was ja die Kärntner ganz besonders gut können. Es heißt nicht umsonst, drei Kärntner – ein Gesangsverein. Es gab Sportveranstaltungen, die unsere Eltern durch Spenden von Sachpreisen selbst finanzierten. Auch dem letzten der Teilnehmer wurde ein Preis überreicht, auch wenn es nur ein paar Stollwerk waren. Es gab keine Pokale oder Medaillen. Es ging in erster Linie darum, dabei zu sein. In zweiter Linie aber auch, wie es bei solchen sportlichen Kräftemessen üblich ist, zu gewinnen. Wir lieferten uns dabei oft gnadenlose, aber faire Kämpfe. Meine Mutter war immer sehr stolz, wenn einer ihrer vier Buben einen Sieg nach Hause brachte. Solche Veranstaltungen waren im Winter etwas ganz Besonderes. Da Bleiberg ein enges Hochtal (930 m hoch), zwischen dem Dobratsch und Erzberg eingebettet ist, gibt es von Mitte November bis Ende Februar keine Sonne. Der Schnee, den es damals noch reichlich gab, schimmerte dadurch tagsüber bläulich und bei einer vor Kälte klirrenden Nacht, und das noch bei Mondschein, in einem leuchtend glitzernden Blau – etwa in einem solchen herrlichen Blau, wie ich es heute in meinem Dritten Auge wahrnehmen darf. Ein wundervolles Bild voll Harmonie und Aussagekraft und wenn ich heute daran denke, durchflutet mich ein Gefühl von Demut, Dankbarkeit und Glück. Aber auch die Sommermonate hatten ihren eigenen Reiz. Der blau strahlende Himmel, die Wälder in ihren verschiedensten Grüntönen, das gleißende Sonnenlicht, der Regen, wenn er mit voller Wucht oder leicht rieselnd aus dem wolkenverhangenen Himmel fiel, der grelle Blitz, der Donner, der in den Bergen sein Echo fand, das Bächlein vor unserem Haus, das nach manchem Gewitter zu einem reißenden Bach anschwoll, die Wiesen, Gärten, Blumen und Sträucher in ihren vielfältigen Farbtönen. Sie zeigten sich mir in einer ihr eigenen pulsierenden Kraft. Heute verwende ich diese Farbtöne zur Licht- und Farbtherapie. Die Natur selbst hat mich gelehrt und mich reich beschenkt. Der Frühling, wenn er langsam ins Tal zog und die Sonne wieder kam, der Schnee zu schmelzen begann, Schneerosen und Erika sich durch die Schneedecke kämpften, Laub- und Obstbäume ihre Knospen öffneten und später, im Mai, zu blühen begannen, Maiglöckchen, Himmelschlüssel und Flieder mit der Sonne gemeinsam den Winter besiegten, ja dann erwachten wir alle gemeinsam aus einem langen Winterschlaf. Heute weiß ich, der Frühling bringt uns die Lebensfreude, die Lebenslust und Lebensbejahung zurück. Der Herbst kam dann, wenn die Schatten wie länger, die Tage kürzer wurden und die Sonne langsam ihre Kraft verlor, die Ernte eingebracht wurde, der Wind durch die farbenfrohen Wälder rauschte und die Blätter von den Zweigen der Bäume mit sich nahm, wenn die Herbstsonne die Farbenpracht der Blätter von Laubbäumen und Sträuchern zum Leuchten brachte. In dieser Jahreszeit saßen die Mutter und wir Brüder oft auf der Hausbank und genossen die letzten, noch wärmenden Sonnenstrahlen. Wir waren überwältigt von der Vielfalt der Farben, die uns der Herbst schenkte. Spazieren zu gehen im knöcheltiefen Laub, das aufstob und zu rauschen begann, Kastanien zu finden, sie aufzubrechen und sie aus ihrer stacheligen Schale zu lösen – wie warm und leuchtend war doch ihr Braun. Einen Drachen zu bauen und ihn steigen zu lassen, sich mit den anderen Kindern zu messen, wer denn nun den schönsten und den am höchsten steigenden besaß. Auf dem Acker Kartoffelkraut zu verbrennen, einige Kartoffel in das Feuer zum Braten zu legen, sie später dann von der schwarzen, heißen Schale zu befreien und sie dann genüsslich zu essen. Viel zu schnell sind diese Tage des Herbstes vergangen. Der Herbst hat mir für mein weiteres Leben gelehrt, dass das Alter, in dem ich jetzt bin, die Zeit der Ernte, des Friedens, Ausgleichs, der Reife, Erkenntnis, des Wissens und der Harmonie ist. Die vier Jahreszeiten, wie sie sich in meiner Jugend dargestellt haben, hinterließen in mir tiefe, bleibende, lehrreiche Eindrücke, aus denen ich heute unendlich viel schöpfen darf.

Nach der Volksschule besuchte ich die Hauptschule. Mein Schulweg war damit um vieles kürzer. Ich konnte sie in fünfzehn Minuten erreichen. Als ich die erste Klasse besuchte, trat etwas Neues in mein Leben und auch in unsere, bis dahin von Jungs dominierte Familie – meine Großmutter Theresia.

# ALS DAS „ICH“ IN MIR ERWACHTE

(März 1984)

Als das „Ich“ in mir erwachte
War alles um mich herum ganz still!
Nichts mehr spüren, fühlen, denken –
Einfach still!
„UND DANN“
Ein noch nie gekanntes, berauschendes Gefühl,
das mich durchströmt,
das mich erzittern lässt.
Geborgenheit, Liebe, Harmonie,
Freude, Glück, Wärme,
Energie, Lichtspiele, Farben, Formen,
Zeichen und Wörter.
Ein Fließen und Strömen,
keine Zeit mehr, die zählt.
Alles in mir ist nun bereit –
Bereit für das „ICH“.

# GROSSMUTTER THERESIA, „DIE GESCHICHTENERZÄHLERIN“

Meine Großmutter Theresia lebte bis zu ihrem Umzug in meinem Heimathaus in Hüttendorf, ein kleiner Ort, der zur Gemeinde Bleiberg gehört. Ich hatte sie mit meiner Mutter oft besucht. Damals lebte auch mein Großvater noch. Ich kann mich an ihn nur mehr vage erinnern. Jedoch weiß ich, dass er mich sehr gern hatte. Sein faltiges Gesicht wurde von einem aufgezwirbelten Schnurrbart verziert und über Nacht trug er immer eine Bartbinde. Als er starb, ging ich noch nicht zur Schule. Als Großmutter zu uns zog, übersiedelten wir sie mit all ihrem Hab und Gut in einem großen zweirädrigen Holz-Handwagen, den meine Mutter und mein Bruder zogen und schoben. Die Großmutter und ich saßen oben drauf – war damals sicher ein großes Erlebnis für mich. Ich kann mich erinnern, dass die Straße, auf der wir fuhren, noch nicht asphaltiert, voll Schlaglöcher und staubig war – eine sehr holprige Angelegenheit. Großmutter bezog bei uns ein Zimmer, das für sie Küche, Wohn- und Schlafzimmer in einem war. Ganz besonders geheimnisvoll wirkte auf mich ihr dunkelbrauner, aus schwerem Holz gefertigter Kasten. Er hatte etwas Magisches an sich. Gleichsam bedeutungsvoll war auch der schwarze Tischherd, der im Sommer mit Holz und im Winter mit Kohle befeuert wurde. Er gab dem Zimmer eine heimelige Wärme und diente auch zum Kochen. Meine Großmutter war eine starke Frau mit gütigen Augen und abgearbeiteten Händen. Sie trug immer ein Kopftuch, sonn- und feiertags eine weiße und unter der Woche eine schwarze Schürze. Laut den Erzählungen meiner Mutter hatte sie eine schwere, arbeitsreiche Jugend hinter sich und arbeitete bei verschiedenen Bauern als Magd und gebar zwei Kinder, meine Mutter Albine und meinen Onkel Jakob, die, so glaube ich, ledige Kinder waren. Später heiratete sie dann meinen Großvater, der Bergmann war.

Sie war eine großartige und gläubige Frau, trotz aller Schwierigkeiten und Schicksalsschläge. Großmutter war und ist für mich, damals wie heute, die tollste Geschichtenerzählerin der Welt. Es ging von ihr eine Faszination aus, die ich erst heute richtig begreife. Sie hatte Ausstrahlung, Charisma, Fantasie und eine Begabung zum Geschichtenerzählen. Abends betete sie und las in der Bibel, sie war voll Zuversicht, fand im Gebet einen starken Rückhalt und tiefe Liebe. Ich wage es zu sagen, einige Esoteriker von heute könnten in ihr ein Vorbild finden. Ich danke Gott dafür, dass ich ihr Enkel bin. Wenn ich heute im Kreise meiner Schüler sitze, so fühle ich meine Großmutter ganz stark in mir und sie sagt: „Erzähle ihnen, sprich die einfache Sprache, lass es aus deinem Bauch und Herzen kommen und sie werden dir zuhören, so, wie du mir immer zugehört hast." Sie hat recht, die einfache Sprache ist es, die die Menschen verstehen und die sie brauchen, um zu erkennen, was der Sinn des Lebens ist.

In meiner Schulzeit war das Fernsehen noch nicht üblich. Es gab nur wenige Fernseher in unserem Ort und wenn, dann auch nur in schwarz-weiß. Heute begreife ich, dass dies eigentlich ein Geschenk war. Uns wurde kein von anderen Menschen erdachtes und aufbereitetes Filmmaterial vorgeführt. So wurden wir auch von deren positiven oder negativen Aussagen nicht beeinflusst.

Wir erlebten solche Filme in allen Einzelheiten in unserer eigenen Fantasie. Ich verbrachte Stunden in dieser Fantasiewelt. In den Wintermonaten war der Treffpunkt meiner Freunde bei meiner Großmutter – ganz nahe am schwarzen Tischherd, der eine gemütliche, knisternde Wärme verbreitete. Sie saß in der Mitte, wir um sie herum und hörten ihr gespannt und aufmerksam zu. Es waren Geschichten aus ihrem Leben. Sie handelten von Bauern, Jägern, von guten wie von bösen Menschen, Dörfern und Städten, in denen sie wohl selbst auch nie gewesen war. Aber, sie hatte ja Fantasie. Für uns Zuhörer was alles so realistisch, so greifbar, so nah. Wenn ich mich heute zurückversetze in diese für mich so schöne Zeit, so höre ich ihre Stimme, die weich, fest und warm war. Ich rieche die Apfelspalten, die sie für uns Kinder im Ofenrohr getrocknet hat – wie köstlich sie nur waren.

Aber wie das Leben so spielt und vergänglich ist, ging meine Großmutter still und friedlich hinüber in eine andere Welt. Heute verstehe ich es, dass es ohne Tod kein Leben gibt. Damals war ich tief traurig. Ich fühlte mich allein gelassen. Keine Geschichten, keine warmen

Blicke, kein liebevolles über die Haare streichen, keine tröstenden Worte mehr.

Mit dem Tod meiner Großmutter begann das Ich in mir zu erwachen. Wenn ich zurückdenke an dieses Ereignis, so glaube ich, habe ich zu dieser Zeit die letzte Klasse der Hauptschule besucht. Während des ganzen Unterrichts durchfloss mich Traurigkeit und ein tiefer Schmerz war in mir. Ich nahm nichts auf, was von den Lehrern erklärt wurde, ich war nicht anwesend.

Der Weg von der Schule nach Hause kam mir an diesem Tag sehr lange vor, viel zu lange und dabei immer das Gefühl in mir, es ist etwas passiert. Meine Mutter stand vor der Haustüre, umarmte mich, weinte und erklärte mir behutsam, dass wir alle nun keine Großmutter mehr haben. Sie sei vom lieben Gott heimgeholt worden. Ich hielt mich ganz fest an Mutter und ich habe den Schmerz, der meine Brust durchzuckte, hinausgeschrieen. Es zog mir jemand den Boden unter meinen Füßen weg. Es wurde finster um mich. Wenn ich darüber nachdenke, so war das Abtauchen meinerseits in die Ohnmacht in Wirklichkeit eine Flucht vor der Wahrheit. Ein nicht Sehen, Hören, Fühlen wollen, einfacher ausgedrückt, ich wollte mit der Tatsache nicht konfrontiert werden, dass es keine Großmutter mehr gab.

Die Tage der Hausaufbahrung, damals war das am Lande so üblich, waren für mich schrecklich und hinterließen in mir viele negative Eindrücke. Dies war ein Schlüsselerlebnis, das mir bis zu meinem 45. Lebensjahr Angst vor dem Tod bereitete.

Das Schlafzimmer meiner Mutter, in dem auch ich als Kind schlief, lag neben dem Zimmer, wo Großmutter aufgebahrt wurde. Ich konnte alles mithören, das Klagen und Weinen der Kondolenten. Ganz besonders tief in mein Unterbewusstsein verankerte sich das Bild des an der Bahre stehenden und mit der Toten sprechenden Großonkels. Er nahm wirklich Abschied von seiner Schwester. Er ließ das gemeinsam Erlebte noch einmal vorbeiziehen. Ich danke ihm heute dafür – er war ein großartiger Großonkel und Mensch.

Am Tag und in der Nacht wurde an der Bahre Totenwache gehalten, traurige Lieder gesungen, die ich lange nicht aus meinem Unterbewusstsein brachte. Es ist gut, dass es dies heute nicht mehr gibt. Den Geruch von brennenden Kerzen konnte ich für lange Zeit nicht mehr riechen. Am Tag des Begräbnisses blieb ich zu Hause. Ich danke Mutter dafür, dass sie so viel Verständnis für mich hatte. Es gab sie nicht mehr – unsere geliebte Großmutter Theresia, die Geschichtenerzählerin. Sie hinterließ eine große Lücke in unser aller Leben.

Ich möchte mich bedanken für die vielen schönen Stunden und die unzähligen Geschichten und verspreche dir, dass ich erzählen werde, so wie du es mir gelernt hast, aus dem Bauch und aus dem Herzen heraus und glaube mir, ich habe viel zu erzählen.

# MEINE MUTTER, „DIE FÜRSORGLICH LIEBENDE"

Es ist schwer, über seine eigene Mutter zu schreiben, ohne dass einem dabei das Herz schwer wird.

Ich versuche es auf meine Art, die wichtigsten Erlebnisse und Erinnerungen auf Papier zu bringen.

Meine Mutter brachte mich am 8. Jänner 1947 im Bergarbeiter-Krankenhaus Bleiberg zur Welt. Ich war bereits ihr vierter Sohn und sollte nach ihren Erzählungen eigentlich ein Mädchen werden, das war zumindest ihr Wunsch. Ob nun Mädchen oder Junge, ich weiß, sie hat sich über ihr gesundes Baby, dem sie den Namen Kurt Heinz gab, genauso gefreut. Den Namen Kurt gab mir meine Patin, Heinz nach meinem Vater, der Mutter, meine Brüder und mich, als ich zwei Jahre alt war, verließ, um nach Deutschland zurückzukehren – zu seiner Familie. Mein Vater war Kriegsgefangener und musste für die Besatzer die Pferde pflegen in dieser Zeit lernte er meine Mutter kennen und wohl auch lieben. Als meine Mutter erfuhr, dass er noch eine Familie in Deutschland habe, bewies sie Großmut und ließ ihn zurück zu seiner Familie gehen. Vater hat sich nie wieder bei uns gemeldet und auch keine Alimente für mich bezahlt. Mutter hätte diese auch so oder so nicht angenommen, dafür war sie viel zu stolz. Wenn ich von jemandem gefragt wurde, ob ich meinen Vater vermisse, so war meine erste Antwort nein, aber beim tieferen Hineinhorchen in mich selbst wäre sie wohl mit ja zu beantworten gewesen. Natürlich hatte er mir gefehlt, wie wohl jedem anderen Kind auch sein Vater fehlen würde. Manchmal habe ich ihn gehasst dafür, dass er uns alle einfach zurückgelassen hat. Mein Vater Heinz – ich habe dir schon lange vergeben. Mutter übernahm auch die Vaterrolle und als ich in die Schule ging, wurde mein ältester Bruder Max eine Art Ersatz-Vater für mich und wenn ich darüber nachdenke, so ist er dies in gewissem Maße auch heute noch.

Albine Longitsch war in unserem Ort bekannt als gütige, liebevolle, starke Frau und Mutter. Sie verlor ihren Mann Jakob bei einem Bergwerksunglück. Mit ihm hat sie drei Söhne, meine Brüder Max,

Horst und Klaus. Mutter war damals in der Blüte ihres Lebens, eine schöne Frau. Sie wurde vom Schicksal schwer geprüft.

Zuerst der Tod ihres Mannes, drei Kinder, die versorgt werden mussten und später kam noch ich dazu. Aber sie war stark, übermenschlich stark und dies in jeder Beziehung. Ihre größte Stütze in diesen schweren Zeiten war der tiefe Glaube an Gott und das Gute in den Menschen. Der Glaube war ihr Rückhalt in manch schwierigen Situationen, die sie aber immer vorbildlich meisterte.

Mutter war es, die mir den Weg zu Gott, zum Glauben zeigte. Wenn ich zurückdenke, wie sie abends an meinem Bett stand, um mit mir gemeinsam zu beten. Und das Gebet begann sie immer mit der Anrufung an Gott, den sie aber sehr oft mit „Vater" bezeichnete.

Lieber Gott und Vater
Bitte beschütze uns auch diese Nacht
So dass uns kein Leid geschehen mag.
Und lass uns am Morgen wieder
Gesund und munter aufstehen.
Beschütz Du bitte meine Söhne
Max, Horst, Klaus und Kurt.
Breite Du bitte Deine schützenden Hände über sie.
Lass sie bitte gesund sein und bleiben
Wo immer sie gerade sind
Lass sie wieder gesund nach hause kommen!
Vater, ich lege mich und meine Familie
Ganz in Deine Hände.
Führe Du uns und behüte uns.
Und dies an jedem Tag
So lange, bis wir wieder bei Dir sind.

Vater, ich danke Dir für diesen schönen Tag
für das Essen und Trinken
für meine Söhne
für unser aller Gesundheit
für die Arbeit, die wir tun dürfen
für unser Heim
für die schöne Natur, in der wir leben dürfen
für Deine Schöpfung.

Vater, Sohn und Mutter, danke für alles, das wir täglich
bekommen. Ich weiß, dass dies nicht selbstverständlich ist,
dass alles ein Geschenk an uns ist.

DANKE

Dann folgte meistens ein Gebet für einen oder mehrere Menschen, die in Nöten waren.

Ein Beispiel davon:

Vater im Himmel
Ich bitte Dich,
Richte Du Deine
Ganze Aufmerksamkeit
Auf unseren Nachbarn, Herrn Wallner Rudolf,
Er braucht Deine Hilfe
Er liegt im Sterben.
Bitte hilf ihm
Lass ihn ohne Schmerzen einschlafen
Reich ihm die Hand
Dass er den Weg
Über die Brücke gehen kann.
Von diesem Leben in ein anderes Leben.
Lass ihn ein in Dein Reich.
Lass ihn an Deiner Seite sein.
Vater im Himmel, ich bitte Dich
Behüte Du seine Frau und seine Kinder.
Lass sie stark sein.
Wenn sie alleine sein werden.
Stehe Du ihnen bei.
Ich bitte Dich darum.
Amen

Dann folgte das Glaubensbekenntnis und das „Vater unser".

Die Gebete meiner Mutter waren nie gleich. Wie auch, denn sie kamen aus ihrem Herzen. Sie waren einfach, verständlich, aussagekräftig und voll Kraft und Liebe. Ja, sie sprach mit Gott, sie kommunizierte mit ihm auf eine Art, wie ich sie bisher nie wieder gehört habe. Heute habe ich ihre Form mit Gott Vater, Sohn und Mutter, der

Schöpfung zu kommunizieren, übernommen. Dabei spüre ich auch, wie sie durch mich spricht. Danke, Mutter.

Es wurde bei uns zu Hause dreimal am Tag gebetet. Das lange Dank- und Bittgebet am Abend. Das Morgengebet, das etwa so lautete:

Guten Morgen!
Vater im Himmel
Wir wollen diesen Tag
Mit Deinem Namen beginnen.
Danke für diese Nacht.
Für die Ruhe und die Träume.
Vater, lass bitte diesen Tag
Einen schönen Tag werden.
Segne Du all unser Tun und Handeln.
Und lass uns auf dem rechten Weg bleiben.
Breite Du bitte Deine Hände über uns.
Behüte und beschütze uns.
Lass uns alle am Abend gesund nach Hause kommen.
Amen

Das Mittagsgebet wurde vor dem Essen gesprochen. Es lautete so:

Komm, Herr Jesus
Und sei unser Gast.
Und segne dies
Was Du uns
Bescheret hast.
Amen
„Bitte, Mahlzeit"

Dieses Gebet spreche ich heute noch vor meinen Mahlzeiten. Danke, Mutter, dass du mich gelehrt hast, zu beten und dass du das Tor zu Gott weit für mich geöffnet hast, ebenso aber auch zu meinen Mitmenschen. Du hast sie uns vorgelebt, diese zwischenmenschliche Beziehung im positiven Sinn. Nur darüber große Worte zu verlieren und nichts dazu beizutragen, damit man miteinander auskommen kann, dieses gab es für dich nicht. Du warst ein einfacher, ehrlicher, liebevoller und gebender Mensch. Wir hatten in meiner Jugend selbst nicht viel. So gab es einmal in dem Woche Fleisch und dies war dann meistens ein faschierter Braten. Trotz allem hast du öfters ärmere Menschen zum Essen eingeladen. Deine Worte dazu waren:

> Man tut damit ein gutes Werk.
> Mit der einen Hand gibt man,
> In die andere Hand bekommt man.
> Und Gott sieht alles.

Wie sehr sie damit recht hatte, möchte ich nun kurz erzählen. Dabei sollte man wissen, dass in meinem Heimatort zu dieser Zeit viele Leute eine Ziege und ein Schwein in ihrem Stall hatten. So auch unsere Nachbarn, die Familie Wallner. Folgendes hat sich zugetragen. Ich war damals ungefähr zehn Jahre und stand bei meiner Mutter in der Küche. Sie bereitete gerade das Mittagessen vor: Kartoffelsuppe mit Brot und grünem Salat. Ich rümpfte die Nase und gab eine vom Herzen kommende Aussage von mir: „Schon wieder das Gleiche. Bei uns gibt es aber auch gar nie was G´scheites zu essen.“ Den Blick und die Aussage meiner Mutter habe ich nie vergessen. „Schau, Kurti, wir haben alle Tage was Warmes zu essen. Andere haben gar nichts und müssen hungern. Die wären froh, wenn sie überhaupt was zum Essen hätten und obendrein sind die Erdäpfel gesund und davon wirst auch nicht so dick wie dein Freund Wolfgang, der alles bekommt, was er will, am meisten süßes Zeug!“ Diese Aussage hat gesessen und ihre Wirkung nicht verfehlt. Ich aß mit mehr oder weniger Begeisterung die Kartoffelsuppe und dachte dabei voll Sehnsucht an die Torte, die mein Freund zu sich nahm. Aber am Abend geschah das Wunder. Es klopfte an der Tür. Mutter öffnete und Frau Wallner kam mit einer Schüssel, die mit einem Tuch zugedeckt war, in die Küche. Sie erklärte meiner Mutter, dass ihr Mann gestern das Schwein geschlachtet habe und sie bringt uns nun ein paar Blutwürste, Sülze und ein Stück Fleisch zum Kosten. Daraus wurde ein Festmahl für unsere Familie zubereitet. Ich dankte Gott dafür, dass es die Frau Wallner gibt und sie sollen noch öfter eine Sau schlachten und den Weg mit all den Köstlichkeiten in der Schüssel zu uns finden. Ja, Mutter hatte wie immer Recht: „Mit der einen Hand gibt man und in die andere Hand bekommt man.“

Wir wurden evangelisch erzogen, gingen sonntags zur Kirche, um in der Gemeinschaft zu beten und am Gottesdienst aktiv teilzunehmen. Die evangelische Kirche in Bad Bleiberg ist einfach, klar und schlicht, eben ein Haus Gottes, ohne viele erdrückende Fresken, Bilder und Heiligenstatuen, denn wenn Gott zu uns spricht, sind seine Worte auch einfach, klar und deutlich und nicht verschnörkelt oder vergoldet. Wenn ich meine Mutter fragte, warum wir nicht auch römisch-katholisch waren, so wie die meisten meiner Freunde, so erklärte sie mir dies in ein paar einfachen Worten: „Kurti, du sollst wissen, dass es nur einen Himmel gibt, in den wir auch kommen wollen. Er ist nicht zwei- oder drei- oder mehrfach geteilt. Wir haben beide, ob nun evangelisch oder katholisch, den selben Herrgott, zu dem wir aufblicken und beten. Glaube mir, vor Gott sind wir alle gleich, ganz egal, wer und was wir sind oder welche Hautfarbe wir haben. Nur der Glaube an ihn, den Vater, seinen Sohn Jesus und den Heiligen Geist zählt. Verliere ihn nie aus den Augen und behalte alles in deinem Herzen, dann wirst du immer behütet sein." Worte von meiner geliebten Mutter, die heute für mich mehr denn je Bedeutung haben, die zu einem wichtigen Teil meines Lebens und meiner Arbeit geworden sind: „Der Glaube an Gott und die Schöpfung."

Ja, sie war klug und von einer inneren Weisheit, die, so glaube ich, vielen Menschen verloren gegangen ist.

Stark in meine Erinnerung verankert hat sich auch die Tatsache, dass Mutter, als wir schon älter wurden und zwei meiner Brüder, Horst und Klaus, nicht mehr zu Hause wohnten, da sie selbst eine Familie gegründet hatten, am Abend das Haus verließ, an der Hausekke stand, in den Himmel blickte um dabei ihren Buben, Schwiegertöchtern und Enkeln gute Nacht zu sagen und für sie zu beten. Als sie danach zurück in die Küche kam, hatte sie immer einen ganz weichen, gelösten Gesichtsausdruck. Diese Energie, die sie damit freisetzte, habe auch ich immer abends verspürt, wo immer ich mich gerade aufhielt. Es war schön, Mutter zu spüren und mit ihr auf eine solche Art zu kommunizieren. Dadurch bin ich auch nie wirklich alleine gewesen. Mutter lernte uns allen, am Leben Freude zu haben, das Leben auf Erden als ein Geschenk Gottes zu sehen, Verantwortung zu übernehmen für das Leben an sich, ob nun in guten oder schlechten Zeiten. Drückeberger konnte sie nie leiden. Lebensbejahung, Lebenslust und Lebensfreude sind wichtige Dinge, die man erkennen, annehmen und auch ausleben muss. Aber natürlich sollte man dabei auch die Grenzen kennen und nichts übertreiben, erklärte sie uns.

Lebensfreude drückte sich in unserer Familie durch gemeinsames Singen und Tanzen aus. So war es meine Mutter, die mir das Tanzen beibrachte. Ich sehe uns beide heute noch, wie sie mir bei der Musik, die aus einem alten Radio kam, die ersten Tanzschritte beibrachte. Wenn Mutter keine Zeit hatte, so musste der Besen die Tanzpartnerin ersetzen. Gingen wir alle gemeinsam zu einer Tanzveranstaltung, so war es für uns Brüder selbstverständlich, den ersten Tanz mit der Mutter zu absolvieren, dann folgten Schwägerinnen (Ehefrauen), Freundin und Nachbarinnen. Geselligkeit gehörte in dieser Zeit einfach zum Leben. Singen, ja das Singen, damit drückten wir Freude und Trauer aus. Es gab keine Feste, bei denen nicht gesungen wurde. So natürlich auch zu Weihnachten. Wenn die Kerzen am Christbaum brannten, dann wurden sämtliche Weihnachtslieder, die wir vom Text her kannten, mit aus dem Herzen und der Kehle kommender Inbrunst gesungen. Zu Heiligabend fällt mir eine wunderbare Episode ein, die meinen Bruder Max und dessen Frau Rosa betrifft.

Max war seit jeher ein Vereinsmensch. Feuerwehr, Gesangs- und Sportverein. Auch musikalische Talente schlummerten in ihm, so brachte er sich selbst das Ziehharmonikaspielen bei. Aber seine heimliche Liebe galt dem Schlagzeug. Eine neu gegründete Band aus unserem Heimatort suchte einen Schlagzeuger. Max, der überall Beliebte, wurde für diese Position auserkoren. Als seine Frau davon erfuhr, zogen dunkle Wolken am Familienhimmel auf. Sie war strikt dagegen, dass er Musiker werden wollte. „Du bis ja so schon, durch dein intensives Vereinsleben, wenig zu Hause und jetzt auch noch Musiker. Das ist nicht gut für unser Ehe und die Familie," waren ihre weisen Worte. Der werdende Musiker horchte aber nicht auf diese gut gemeinten Worte. Kurz vor Weihnachten kaufte er sich heimlich ein Schlagzeug und nahm Unterricht im Trommeln usw. Wie aber konnte er dies nun seiner Frau mitteilen, ohne dass er dabei Gefahr lief, ein gehöriges Donnerwetter über sich ergehen lassen zu müssen. Dann hatte er die erlösende Idee. An Heiligabend stellte er das Schlagzeug unter den Christbaum, wo es seiner Meinung nach sehr dekorativ wirkte. Mutter war über den Kauf und die Dekoration unter dem Christbaum auch nicht begeistert. An Heiligabend war es bei uns üblich, dass Mutter um 20 Uhr die Kerzen am Christbaum anzündete und mit einer Glocke läutete, was für uns das Signal war, dass wir das Zimmer betreten durften, in dem der Christbaum und die Geschenke waren. So war es auch an diesem besagten 24. Dezember. Wir marschierten im Gänsemarsch in das Zimmer. Als Max das Zimmer betrat, blieb er wie angewurzelt stehen, riss seine Arme in die Höhe und gab begeisterte Worte von sich: „A so a Freud, na a so a narrische Freud, so a Freud kann ma nur mei Rosa måchn!" Rosa kam in den Raum und sah, worüber sich ihr Mann so narrisch freute. Das Gesicht, das sie dabei machte, habe ich nie vergessen. Max störte das nicht, umarmte Rosa und bedankte sich bei ihr für das wundervolle Geschenk, das sie ihm gemacht hatte. Seine Idee war nun doch wohl nicht die Beste, denn diese Weihnachten waren nicht so friedvoll wie die vielen vorangegangenen.

So waren meine Kindheit und Jugendzeit geprägt von vielen dieser wundervollen Erlebnisse, die unvergessen bleiben.

Wenn ich noch einmal in meine Hauptschulzeit zurückblicke, so möchte ich noch etwas Interessantes einfügen. Der Englischunterricht in Schrift und Wort war für mich einfach schrecklich. Dies drückte sich auch am Ende des Schuljahres durch eine schlechte Note aus. In diesem Gegenstand konnte mir auch Mutter nicht helfen, sie hatte selbst nie englisch gelernt. Gab es nun in diesem Fach eine Schularbeit, so war ich an diesem Tag oder danach krank. Ich bekam hohes Fieber, Schüttelfrost und Schweißausbrüche. Mutter musste dann mehrmals die Bettwäsche wechseln und machte sich große Sorgen um mich. Wenn ich in diesem fiebrigen Zustand war, sprach ich oft wirre Worte vor mich hin, die Mutter nicht verstehen konnte. Ich selbst hatte in diesem Zustand immer die selbe Vision. Ich sah die korrigierte Englisch-Schularbeit und die schlechte Benotung derselbigen vor mir. Die Note, die ich in Wirklichkeit bekam, stimmte immer mit der, die ich in meiner Vision sah, überein. Die Worte meiner Mutter waren nach einer solchen kurzen Erkrankung immer die selben: „Kurti, was wird das noch werden, wenn du immer in eine andere Welt flüchtest. Du kannst nicht immer davonlaufen, verstehst?" Damals verstand ich das nicht. Heute, ja heute verstehe ich es. Ich träumte auch zu dieser Zeit sehr viel. Ein immer wieder kehrender Traum war, dass ich fliegen konnte und alles von oben aus sah. So überflog ich zum Beispiel immer wieder Inseln, bei deren Anblick ich ein tiefes, warmes, geborgenes Gefühl in mir verspürte. Oder ich sah mich, wie ich als älterer Mann vor einer großen Menschenmenge stand und zu ihnen sprach und alle hörten mir aufmerksam zu. Ich diesen Traumreisen hatte ich keine Probleme mit Fremdsprachen, denn ich beherrschte einige von ihnen. Ich hörte mich selbst, wie ich sprach. Ich träumte immer in Farben, diese waren wunderschön und unsagbar weich, sie waren durchsichtig und dennoch kompakt. Wenn ich dann am Morgen von meiner Mutter geweckt wurde, wollte ich vorerst immer zurück in meine Träume. Doch spürte ich dann ihre Hände über meine Haare und mein Gesicht streichen, wenn ich dann auch noch den Guten-Morgen-Kuss bekam, so fühlte ich mich in dieser Welt auch geliebt und geborgen. Erzählte ich Mutter von meinen Träumen, so hörte sie mir aufmerksam zu und erklärte mir dann, ich sollte niemanden davon erzählen. Auch meinen Brüdern nicht, sie würden es nicht verstehen oder mich auslachen und das könnte mich verletzen. „Behalte alles für dich, Gott alleine weiß, was deine Träume zu bedeuten haben und was er mit dir vor hat." Sie hatte Geduld und immer eine für mich befriedigende Antwort bereit.

Als ich dreizehn oder vierzehn Jahre alt, wurde gab Mutter mir eines Tages eine Broschüre zu lesen, die sich als „Hirtenbrief" bezeichnete. Bisher hatte ich nur die Schulbücher und, wie viele andere Kinder auch, Micky Maus, Tarzan und dergleichen gelesen. In diesem Hirtenbrief wurden Teile aus der Bibel abgedruckt und erläutert, von Missionsarbeiten der evangelischen Kirche im Ausland berichtet, die oft durch Fotos dokumentiert wurden. Diese las ich mit großer Begeisterung. Aber das Faszinierende in diesem Hirtenbrief waren die in ihm wiedergegebenen Predigten verschiedener Priester. Wenn ich alleine war, las ich die Texte laut vor. Ich steigerte mich so hinein, dass ich mich dabei selbst als Prediger sah. Dabei war ich wie in Trance. Das Lesen des Hirtenbriefes hat mich viel gelehrt über das Alte und das Neue Testament, über den Glauben und die Missionsarbeit und noch was ganz Besonderes: wie man durch Gleichnisse den Menschen auf verständliche Art etwas erklären kann. Jesus Christus war darin der wahre Meister. Er hat es wie kein anderer verstanden, den Menschen durch Gleichnisse etwas zu erklären. Weiters wurden meine Deutschaufsätze in der Hauptschule um vieles besser und vom Lehrer mit Anerkennung bedacht. Mutter hat genau gespürt, was ich für meine Entwicklung im geistigen Sinne benötigte. Sie hat mir ein weiteres Tor geöffnet: „Das Tor der Gleichnisse". Dies ist mir heute als Referent bei Seminaren und Vorträgen eine große Hilfe und Stütze. Die einfache Sprache „der Gleichnisse" verstehen die Menschen und öffnet ihre Herzen und den Geist. Ich danke dir, Mutter, für diese Schatztruhe, die du mir damit überreicht hast.

Als es darum ging, welchen Beruf ich nach dem Abschluss der Hauptschule erlernen sollte, hast du mich in meiner Entscheidung unterstützt, Maler und Anstreicher zu lernen. Wie ich selbst, hat auch meine Mutter intuitiv erkannt, dass der Umgang mit Farben eine Bereicherung für meine Weiterentwicklung sein wird. Darüber schreibe ich im Kapitel „Vom Maler und Anstreicher zum Masseur".

Nach meiner Lehre kam ich zum Bundesheer. Später arbeitete ich als Kellner und in anderen Berufen. Danach kam die Ausbildung zum Masseur. Durch diese Berufe war ich saisonbedingt nicht mehr sehr viel zu Hause. Ich litt die ersten Jahre sehr unter der Trennung von meiner Familie und hatte oft Heimweh. Mutter und ich schrieben uns viele Briefe. In diesen Briefen erzählte sie mir immer die Neuigkeiten von den Familien der Nachbarschaft. Sie sprach mir immer Mut zu und dass sie stolz auf mich sei. Ich solle mein Bestes geben in dem Beruf, den ich gerade ausübte, Gott nicht aus den Augen verlieren und ganz fest daran glauben, dass er allgegenwärtig ist und mir hilft. Am Ende jedes Briefes standen die Worte, die wie Balsam für mich waren: „Ich hab´ dich lieb."

Ja, so war sie, meine geliebte Mutter. Sie litt mit mir, wenn es mir schlecht erging und sie freute sich mit mir, wenn es mir gut ging. Sie machte mir Mut, wenn ich am Boden lag und verzweifelt war. Sie holte mich zurück in die Wirklichkeit, wenn mir gewisse Dinge zu Kopf stiegen. Sie mahnte und lobte mich, wenn es nötig war. Sie lehrte mich, wie wichtig es ist zu glauben, an Gott, die Schöpfung, die Mitmenschen und an sich selbst. Sie erklärte und lebte mir vor, was wirkliche Liebe ist und wie wichtig es ist, sich als ein Teil des Ganzen zu sehen – als ein Teil des großen Planes. Sie ließ mich erkennen, wie wichtig die Geborgenheit einer Familie ist. Für dies alles und vieles mehr danke ich dir, Mutter. Als ich mein erstes Massage-Institut im Februar 1978 eröffnete, konntest du nicht dabei sein, du warst an Bauchspeicheldrüsenkrebs erkrankt. Du hast diese Krankheit tapfer ertragen wie so vieles in deinem bewegten, aufopfernden Leben. Du bist hinübergegangen in das Licht, still, geduldig und in Demut. Du hast eine große Lücke zurück gelassen. Aber deine Söhne, Schwiegertöchter und Enkel so wie alle, die dich kennen durften, werden dich Mutter , „Longitsch-Mutter", immer im Herzen tragen.

Ich danke Gott dafür, dass ich dein Sohn sein darf.

Ich danke Gott dafür, dass du meine Mutter sein durftest.

# MUTTER, DAS HAST DU IN MIR HINTERLASSEN

## EINSAMKEIT

(Februar 1978)

Kennst Du das Gefühl der Verlorenheit,
Kennst Du das Gefühl der Traurigkeit,
Kennst Du das Gefühl der Verlassenheit,
Kennst Du das Gefühl der Hoffnungslosigkeit?
Ja, dann kennst Du wohl auch das Gefühl der EINSAMKEIT?
Kennst Du aber auch **dieses** Gefühl der EINSAMKEIT?
In der Einsamkeit sich selbst wieder zu finden,
In der Einsamkeit zu beten und zu meditieren,
In der Einsamkeit Gott zu begegnen,
In der Einsamkeit die Menschlichkeit zu erleben,
In der Einsamkeit die gesamte Schöpfung zu lieben.
So – und nun gleite heraus aus dem Gefühl der Einsamkeit
Und beginne, „DICH“ selbst zu lieben.
Ich danke Dir, Mutter, für die Erklärung der Gefühle der Einsamkeit.

# VOM MALER UND ANSTREICHER ZUM MASSEUR

Ich erlernte den Beruf des Malers und Anstreichers bei der Firma Somma in Villach, was für mich bedeutete, dass ich drei Jahre lang, außer sonntags, jeden Tag um 5:15 Uhr morgens aufstehen musste. Ich wurde zum Pendler zwischen Bleiberg und Villach. Eine Busfahrt dauerte etwa 50 Minuten, im Winter manchmal auch länger. Ich kann mich gut an diese oftmals abenteuerlichen Fahrten erinnern. Einer der Busse wurde von uns auf den vielsagenden Namen Dschungelexpress getauft. Ein uraltes, viereckiges Gefährt mit großer Kühlerhaube, die im Winter wegen der Kälte mit einem großen, roten Tuch zugedeckt war. Innen harte Bänke, ein riesiges Lenkrad, im hinteren Teil ein großer Stehplatzbereich, der heute leicht in einer Disco als Tanzfläche dienen könnte. Von meinen damaligen Arbeitskollegen wurde ich immer auf den Arm genommen, mit solch ähnlichen Aussagen wie dieser: „Na, Bleiberger (so wurde ich auch manchmal angesprochen), wie war die Fahrt mit dem Dschungelexpress? Wenn du fünf Jahre mit diesem einmaligen Geschoss mitfährst, brauchst eine neue Wirbelsäule. Aber einen Vorteil hast, Nierensteine bekommst du keine, die verlierst vorher. Na, du weißt schon, wegen der vielen Schlaglöcher, über die euer Express hüpft. Ich an deiner Stelle würde einen Fallschirm anlegen, falls er einen zu großen Sprung macht und nicht mehr runter kommt." Ja, so und ähnlich war die morgendliche Begrüßung. Wäre sie nicht so gewesen, dann hätte mir sicher etwas gefehlt. Die Lehrzeit von drei Jahren war hart, aber lehrreich. Die Arbeitszeit betrug damals fünfzig Stunden die Woche. An meinen ersten Arbeitstag kann ich mich sehr gut erinnern. Ich musste mit dem Gesellen, dem ich zugeteilt wurde, von dem ich im übrigen sehr viel lernen durfte, in das Gefangenenhaus Villach, um dort die Zellen und Gänge auszumalen. Mein erster Gedanke war, na, das fängt schon gut an. Ich habe es überstanden, wie so manch anderes auch später noch. In der Früh (der Arbeitsbeginn war um 7.00 Uhr) mussten die Lehrlinge die Ziehwagen beladen, mit all den Materialien, Farben, Kübeln und Leitern, die an der Arbeitsstelle benötigt wurden. Danach durften sie das oft überfüllte und schwere Gefährt durch die halbe Stadt Villach ziehen oder schieben. Dies kann man sich heute nicht mehr vorstellen. Man würde die Materialien mit einem Kleinbus zur Arbeitsstelle bringen. Eines, worüber ich selbst heute noch lachen kann, war dies: Wenn wir Lehrlinge eine neue Arbeitsbekleidung bekamen, die aus weißem Stoff war, war unser erster Weg damit ins Lager, wo die verschiedenen Farben und anderen Materialien untergebracht waren. Wir fuhren mit einem Pinsel in verschiedene Farbkübel und bekleckerten damit die neue Arbeitskleidung. Der absolut tiefe Hintergrund dieser Aktion war, dass wir glaubten, man würde dann nicht annehmen, dass wir noch Lehrlinge sind. Denn wer eine mit so vielen Farbspritzern versehene Arbeitskleidung trägt, muss schon lange in diesem Beruf tätig sein.

Farben, ja die Farben hatten es mir angetan. In der Berufschule wurde uns die Farbenlehre nach Goethe vermittelt und deren positive Auswirkung auf unser alltägliches Leben; dass alle Farben aus den drei Grundfarben rot, blau und gelb gemischt werden usw.

In der Praxis durften wir das theoretische Wissen umsetzen. Es entstanden die tollsten Farbtöne mit ihrer bedeutungsvollen Aussagekraft. Farben zu mischen und sie dann auf Mauerwerk oder Holz auftragen zu dürfen, war für mich jedes Mal ein Erlebnis. Die Reaktionen der Auftraggeber zu beobachten und ihre Einstellung zu den einzelnen Farbtönen war für mich ein weiterer Höhepunkt. Heute weiß ich, wie wichtig und nutzbringend für mich die Ausbildung zum Maler und Anstreicher war. Ich darf dadurch im Sinne der Farben und ihrer Bedeutung auf uns Menschen aus dem vollen schöpfen. Heute referiere ich darüber in Seminaren mit dem Arbeitstitel „Die Welt der Farben – Mit Farben heilsam helfen!". Ohne die Farben wäre unsere Welt leblos. Entdecke die farbige Welt deines Körpers, verbinde dich wieder mit der Natur und ihrer prächtigen und wirkungsvollen Färbung. „Sehe sie, rieche sie, spüre sie, höre sie! Lebe auf, atme ein, entdecke dich wieder!" Heilsam helfen mit Farben. Farbe und Licht sind für mich zwei wichtige Elementarbegriffe, die mit unserem Leben untrennbar verbunden sind, denn sie bringen uns energiereiche Lebensimpulse und sind somit die Grundlage für ein in Harmonie erfülltes Leben. Licht und Farben beeinflussen unser irdisches Dasein in vielfacher Form und in umfassender Weise, denn sie sind Erscheinungen, die unser Innerstes bewegen und damit auch unsere Stimmung und Lebensenergie „färben". Farbe und Licht tragen spezifische Farben in sich, die dadurch im Stande sind, unsere inneren Kräfte aufzuladen und harmonisch auszugleichen und somit Gesundheit und Lebensfreude zu gewährleisten. Beachte immer, mit welchen Farben du dich umgibst (Wohnung, Kleidung, Kosmetik), dann wirst du auch die positive Wirkung der Farben auf dich und die Umwelt feststellen. Mit Farben zu arbeiten macht große Freude und fördert die Kreativität. Dieses Wissen über die Farben und ihre Aussagekraft hilft mir heute bei meiner Arbeit, zum Beispiel beim Aura-Sehen. Um unseren Körper herum befindet sich die Aura. Für den Aura-Sichtigen erstrahlt sie in verschiedenen Farben, an denen er wiederum erkennen oder daraus lesen kann, wie gesund oder krank man an Körper, Geist und Seele ist. Auch bei meiner Arbeit als Geistheiler spielen die Farben eine wichtige Rolle. So zum Beispiel gilt die grüne Farbe als die Heilfarbe.

Ich möchte mich bei allen weltlichen wie spirituellen Lehrern bedanken, die mich den Umgang, das Wissen und die Heilkraft, die in den Farben und dem Licht liegen, gelehrt haben. Ich habe erkennen dürfen, welchen Beruf man auch erlernt hat oder in welchem man arbeitet, dass jeder einzelne etwas spirituelles in sich birgt, das wiederum wichtig sein kann für unsere persönliche Weiterentwicklung.

Nach dem positiven Abschluss meiner Maler- und Anstreicherlehre wurde ich zum Bundesheer einberufen. Danach arbeitete ich als Kellner in verschiedenen Fremdenverkehrsorten. Auch in diesem Beruf durfte ich viel lernen und mein Wissen erweitern. Dieser sogenannte Dienstleistungsberuf öffnete mir ein weiteres Tor, nämlich „Das Tor im Umgang mit Menschen oder der zwischenmenschlichen Beziehung." Bei dieser Arbeit lernte ich die negative Macht des Geldes kennen und auch spüren. Ebenso konnte ich erleben, bei anderen wie bei mir selbst, wie die Droge Alkohol unser Bewusstsein verändert. In dieser Zeit, in der ich als Kellner arbeitete, veränderte sich mein Innerstes zum Negativen. Ich verlor den Kontakt zu Gott, wurde maßlos eitel und wurde selbstherrlich, betrachtete die Frauen als sexuelle Objekte und war stolz darauf, viele Herzen zu brechen, hatte erste Kontakte mit Alkohol und dessen negativen Nebenerscheinungen. Ich begann damit, Menschen, die mir nahe standen oder mich liebten, zu verletzen und zu belügen. Ich rutschte immer tiefer, fand keinen Halt mehr. Dies war der Punkt in meinem Leben, den ich heute als die Sternstunde der negativen Einflüsse, der Gefühlskälte, des Hochmutes, der Zügellosigkeit und des Alkoholkonsums bezeichnen möchte. So war diese Zeit, so negativ sie für mich und die Menschen, die daran beteiligt gewesen waren, auch war, dennoch wichtig für meine weitere persönliche Entwicklung. Ich lernte Menschen kennen, die mir dabei geholfen haben, den Weg nach oben wieder zu finden. Menschen, die mir Vertrauen und Liebe entgegen brachten, obwohl sie all meine Schwächen kannten. Sie liebten mich meinetwegen. Dafür bin ich ihnen heute unsagbar dankbar. Ich danke euch für das Vertrauen, die Liebe, die ihr mir geschenkt habt, und den Mut, trotz aller Schwierigkeiten, die sich für euch daraus ergaben, an mir festzuhalten. Danke.

Mit der Hilfe meiner Freunde und der Erkenntnis, dass man aus Fehlern, die man gemacht hat, lernt, gelang es mir, die Zeit der Hemmungs- und Lieblosigkeit, der inneren und äußeren negativen Zwänge, langsam loszulassen. Es war ein harter und steiniger Weg zurück – mit größeren und kleineren Rückfällen. Aber ich habe nicht aufgegeben. Ich habe mich wieder gefunden und den positiven Sinn des Lebens wieder entdeckt. So verspürte ich in dieser Phase meines Lebens den inneren Drang, etwas Positives zu tun, wieder so zu sein und auch danach zu handeln wie ich wirklich bin. Ich fand zurück zum Glauben, zu Gott, zum Gebet, lernte wieder zu bitten und zu danken, Menschen als Menschen zu sehen und zu akzeptieren wie sie eben sind, Gefühle zu zeigen, zu lachen und zu weinen, das Leben zu bejahen und jeden Tag mit Freude zu begrüßen. Aus dieser schwierigen Zeit habe ich vieles gelernt: Wie wichtig es ist, wahre Freunde zu haben, die nicht nach dem „Warum“ fragen, sondern dir deinetwegen helfen, weil sie dich lieben; die „Liebe“ an sich, denn sie versetzt Berge; die Familie, die zu dir hält; dass die Droge Alkohol kein Allheilmittel ist, sondern die Flucht zu ihm alles nur verschlimmert und zerstört; dass Selbstherrlichkeit und negative Einflüsse der Beginn allen Übels sind; dass Eitelkeit und Zügellosigkeit Körper, Geist und Seele krank machen; dass Lügen kurze Beine haben und andere schwer verletzen; dass man Menschen, die man verletzt hat um Vergebung bitten muss, damit man sich selbst auch vergeben kann. Ja, und wenn man den Glauben an Gott und die Schöpfung verliert, es keinen Halt mehr, in welcher Weise auch immer, für dich gibt. Ich bedanke mich bei allen, die mir vergeben haben. Danke!

Nach den Jahren, in denen ich als Kellner arbeitete, kehrte ich wieder zurück in meinen Heimatort, in die Familie. Zu dieser Zeit wurde in Bleiberg ein Thermalbad errichtet. Nach Fertigstellung desselbigen wurde in dessen Räumlichkeiten und Badeeinrichtungen eine Heilmasseur-Ausbildung abgehalten. Ein ehemaliger Schulkollege nahm an dieser Ausbildung teil. Mein Bruder Klaus betrieb in der Kuranstalt das Buffet-Restaurant, wo ich ihm des öfteren als Bedienung aushalf. So ergab sich dadurch für mich die Möglichkeit, mehr Informationen über die Ausbildung des Heilmasseurs zu erfahren. Ich saugte jede Information, jedes Gespräch in mich auf, als wäre ich ein ausgetrockneter Schwamm. Ganz plötzlich war es da, dieses Gefühl, endlich zu wissen, was ich tatsächlich werden wollte. Mich ließ dieser Gedanke nicht mehr los, dass ich Masseur werden wollte. Nach vielen Anfragen, wo man sich zum Masseur ausbilden lassen kann, erhielt ich Anfang 1973 von der Heilmasseur- und Heilbademeister-Schule Dr. Hugo Lachmann in Bad Vöslau eine positive Zusage. Damit begann für mich ein weiterer wichtiger Lebensabschnitt und es wurde damit auch ein weiteres Tor für mich geöffnet, nämlich „Das Tor des heilsamen Helfens, der heilsamen Berührung", wie ich dies auch heute noch nenne. Von Dr. Hugo Lachmann und seinen Lehrern wurde in mir der Grundstein der Massage errichtet, auf dem ich aufbauen konnte. Die mir vermittelten Kenntnisse und das dazu gehörende Wissen standen auf festem Boden. Nach erfolgter Abschlussprüfung zum Heilmasseur und Heilbademeister bekam ich eine Arbeitsstelle bei einem gewerblichen Masseur in Bad Kleinkirchheim in Kärnten. Mein Freund Alfred, der auch aus Bleiberg stammte und in diesem Betrieb als Masseur arbeitete, vermittelte mich dorthin. Wir waren insgesamt vierzehn Masseure, die in verschiedenen Hotels und im Thermalbad von Kleinkirchheim arbeiteten. Es war eine harte Schule durch die ich ging. Massagen am Fließband. Keine wirkliche Befriedigung für mich. Hier lernte ich auch meine spätere Frau, Anni, kennen. Aber es gab in dieser Zeit noch ein weiteres wichtiges Schlüsselerlebnis für mich. Mein Freund und Arbeitskollege Alfred wurde vom Männergesangverein (Knappenchor) Bleiberg zu einer Veranstaltung eingeladen. Ich selbst war auch einige Zeit Sangesbruder des Knappenchors. Wir freuten uns beide auf diese Aufführung und die danach folgende Tanzunterhaltung. Dabei trafen wir wieder alte Bekannte und Freunde. So auch meinen Schulkollegen Ronald (der von seinen Mitschülern den Namen Hoss erhielt, denn er sah dem Schauspieler, der in der Fernsehserie Bonanza Hoss spielte, täuschend ähnlich). Wir unterhielten uns über unseren derzeitigen Beruf und über die gemeinsamen Schuljahre. Auch mein Bruder Max war mit seiner Frau bei dieser Veranstaltung. Um etwa ein Uhr verließen wir die Festlichkeit und traten die Rückreise nach Bad Kleinkirchheim an. Wir kamen etwa um zwei Uhr, 2:30 Uhr dort an. Ich legte mich ins Bett und war glücklich, dass ich wieder einmal viele meiner Bekannten gesehen hatte. In der frühen Morgenstunde von Samstag auf Sonntag hatte ich dann einen Traum. War es eine Vision oder Ähnliches? Jedenfalls flog ich bei diesem Erlebnis in eine von mir vorher noch nie bereiste Welt. Es war wie der Garten Eden. Alles friedlich und in wundervollen, leuchtenden Farben. Dieses Paradies wurde erleuchtet von einem hellen, warmen Licht und dieses stimmte mich sehr friedlich. Ich sah auf einem mir gegenüberliegenden Hügel viele Menschen stehen. Sie winkten mir freundlich zu und ich glaube, viele von ihnen gekannt zu haben. Plötzlich löste sich eine dieser Personen von der Gruppe und kam schwebend auf mich zu. Ich konnte nicht wahrnehmen, dass er seine Beine und Füße zur Weiterbewegung benützte. Ich sah, dass er schwebte. Als diese Person näher kam, erkannte ich sie – es war mein Schulkollege Ronald, den wir Hoss nannten. Er verhielt im Schwebezustand vor mir und sagte Folgendes: „Kurt, was machst du hier. Du bist viel zu früh da. Du musst wieder zurück von wo her du gekommen bist." Dann lösten sich Hoss und die Menschen auf dem Hügel, sowie das Paradies in Licht auf und genau in diesem Moment klingelte das Telefon. Dies war wie ein Kurzzeitschock für mich. Ich war mit einem Schlag hellwach. Was war das, was ich gesehen hatte? Ich sollte gleich auf diese Frage eine Antwort bekommen. Das Telefon klingelte wieder. Ich hob den Hörer ab und meldete mich. Es war mein Bruder Max, der mich so früh am Morgen anrief. Seine Stimme klang nicht so wie sonst. Sie hatte etwas Trauriges in sich. Er erkundigte sich, ob wir gut in Bad Kleinkirchheim angekommen waren, was ich bejahte. Dann rückte er mit dem wirklichen Grund seines Anrufes hervor. Er teilte mir mit, dass heute in den frühen Morgenstunden mein Schulkollege Hoss verstorben sei. Hoss hatte einem Kollegen bei Bauarbeiten geholfen, die zu sehr früher Morgenstunde begannen. Er sei plötzlich umgefallen und es habe keine Hilfe mehr für ihn gegeben. Ich war wie gelähmt. Ich kann mich auch nicht mehr daran erinnern, was ich zu meinem Bruder sagte oder ob ich einfach den Hörer aufgelegt hatte. Ich war erschüttert und verwirrt zugleich. Du, lieber Leser, darfst dir nun deine eigenen Gedanken darüber machen, was das zu bedeuten hat. Ich für meine Person kenne die Antwort. Mit diesem Erlebnis wurde mir ein weiteres Tor aufgetan. Ich nenne es „Das Tor zur Unendlichkeit". Es war ein ganz wichtiges Schlüsselerlebnis für mich. Dadurch wurde ich zum Suchenden. Hoss, mein Schulfreund, hat mich auf den Weg des Suchenden gestoßen. Danke Hoss.

Ich blieb noch einige Saisonen bei meinem Arbeitgeber Walter in Bad Kleinkirchheim. Walter war ein Meister seines Faches. Ich durfte von ihm viel lernen, aber dennoch wollte ich nie so werden wie er. Er war ein sehr einsamer Mensch und ließ niemanden an sich heran. Ich glaube, dass er vom Leben enttäuscht war, trotz all seiner Fähigkeiten. So verließen meine zukünftige Frau, Anni und ich Bad Kleinkirchheim. Damit begann ein weiterer Lebensabschnitt für mich. Anni nahm mich mit zu sich nach Hause in die Steiermark, ins Ennstal, nach Wörschach, wo ich auch heute noch lebe. Es ist ein Dorf, wo Mensch und Natur noch in Harmonie leben, wo es die wildromantische Klamm und die Ruine Wolkenstein gibt, wo das Wörschacher Moor für viele seltene Vögel und Pflanzen eine geschützte Heimat ist, wo Schwefelquellen und Moor nun schon seit Jahrzehnten darauf warten, dass sie für kranke Menschen Hilfe sein dürfen. Aber leider findet sich kein Investor für das Kuranstalt-Projekt. Intuitiv kann ich über die Heilqualität von Schwefel und Moor nur sagen, dass es an der Zeit ist, sie für die kranken Menschen zu nutzen, dass hier etwas vergeudet wird, dass zur Gesundheit der Menschen beitragen kann. Nun, vielleicht kann ich mit diesem Buch etwas dazu beitragen, dass Wörschach als Schwefelbad wieder entsteht und erblüht. Ja, ich liebe diesen Ort und die Menschen, die hier wohnen. Er ist mir zur zweiten Heimat geworden. Hier habe ich Ruhe und zu mir selbst gefunden.

Anni und ich wohnten im Hause ihrer Eltern. Wir heirateten im

Jahr 1975 in meinem Heimatort Bad Bleiberg. Gemeinsam gingen wir wieder auf Saison. Sie als Kellnerin, ich als Masseur. Ich lernte wieder viele Menschen kennen und begann damit, ihr Verhalten zu studieren. Ich beobachtete ihre Gestik und Mimik, wie sie sich bewegten, sprachen und handelten. Ich wurde zum Zuhörer, zum Hinterfragenden. Dadurch öffnete sich wieder ein neues Tor für mich. Ich gebe ihm den Namen „Tor zur wahren Wirklichkeit".

Zuhören, hinterfragen, beobachten sind für meine Arbeit als Geistheiler, Schamane und Lehrer heute wie damals eine nicht mehr weg zu denkende Eigenschaft und große Hilfe.

In dieser Zeit meiner persönlichen wie beruflichen Entwicklung besuchte ich unzählige Seminare in den verschiedensten Massagetechniken. Mein Wissensdurst war unersättlich. Ich wurde zum Perfektionisten, wobei ich sicherlich auch manchmal übertrieb. Es war wie ein innerer Zwang, alles was mit Massage zu tun hatte, im Theoretischen wie im Praktischen zu erlernen und zu festigen. Ich begann damit, Vorträge über verschiedene Massagetechniken und deren positive Auswirkungen, die sie auf uns Menschen haben, abzuhalten. Meine damaligen Zuhörer waren Mitglieder von Kneippverbänden, Elternvereinen und Volkshochschul-Teilnehmer. Meine praktische Erfahrung und mein theoretisches Wissen an andere weiterzugeben, öffnete in mir ein weiteres Tor. Diesem gebe ich den Namen „Tor zur Heilkraft, die in der Sprache liegt".

1978 eröffnete ich mein erstes Massageinstitut in Bad Mitterndorf. Damit begann für mich ein weiterer Lebensabschnitt, die berufliche Selbständigkeit. Menschen, die bei mir Hilfe suchten, um ihre körperlichen Gebrechen und die damit verbundenen Schmerzen zu lindern, sprachen mir sehr oft Anerkennung aus, in dem sie zu mir sagten: „Herr Kurt, sie haben goldene Hände!" Mir wurden zwei Möglichkeiten, den Menschen heilsam helfen zu dürfen, von Gott geschenkt – die durch meine Hände fließende und die in meiner Sprache liegende. Dadurch wurde mein Beruf zur Berufung und die Berufung zum Beruf. Ich danke Gott für die mir zur Verfügung gestellten heilsamen Kräfte. Durch diese Gnade, die mir zu Teil wurde, erwachte in mir meine wahre Berufung, ich gebe ihr den Namen „Heilkraft, die aus dem Herzen kommt".

# VOM MASSEUR ZUM GEISTHEILER UND SCHAMANEN

Ein weiteres Schlüsselerlebnis, das für meine Weiterentwicklung große Bedeutung hatte, war dieses: In meinem Nachbarort Trautenfels gab es Frau Nister, eine Heilerin, die vielen Menschen mit den ihr gegebenen Kräften heilsam helfen konnte. Ein mit mir befreundetes Ehepaar, das mit der Heilerin verwandt war, ersuchte mich, dass ich die besagte Frau besuchen sollte, um bei ihr eine Fußreflexzonenmassage durchzuführen, da sie schwere Verdauungsprobleme hätte. Als ich ihr Haus betrat, verspürte ich ein eigenartiges Gefühl in mir. Heute würde ich dieses Gefühl von damals mit Demut, Glaube und Wärme bezeichnen. Ich wurde in das Wohnzimmer geführt und Frau Nister vorgestellt. Wir reichten uns die Hände und blickten uns in die Augen. Dabei verspürte ich, wie Wärme durch meinen Körper strömte. Ihre Augen strahlten Ruhe und Liebe aus. Eine bisher noch nie erlebte Schwingung verband uns miteinander. Ich erklärte ihr die Technik und den Ablauf der Fußreflexzonenmassage, wobei mir ein gewisses Lächeln um ihre Mundwinkel auffiel. Nach meinen ausführlichen Erklärungen durfte ich mich an die praktische Arbeit machen. Ich behandelte ganz besonders die reflektorischen Zonen von Magen, Dünn-, Dick- und Mastdarm. Im speziellen bei der Behandlung der Dickdarmzone stellten sich starke Reaktionen bei Frau Nister ein. Mimik und Gestik veränderten sich und die „au weh"-Laute waren auch nicht zu überhören. Nach Beendigung der Behandlung stand sie ruckartig auf und verließ auf schnellstem Weg den Raum um das WC aufzusuchen. Nach einiger Zeit kam sie freudestrahlend und erleichtert zurück. Sie erklärte mir, dass sie nun endlich nach einer Woche wieder Stuhlgang hatte. Intuitiv umarmte sie mich und sagte mir Folgendes dabei: „Mein Junge, du hast Heilkräfte in dir. Nutze sie und glaube ganz fest an sie. Sie werden stärker und stärker werden. Du musst alles nur zulassen!" Damit öffnete mir Frau Nister, die Heilerin, ein weiteres Tor. Ich gebe ihm den Namen „Tor des Zulassens und Geschehenlassens". Ich bedanke mich bei Frau Nister dafür, dass ich sie kennen lernen durfte und dass sie mit ihren Worten mich in meiner Arbeit und dem Weg, den ich gerade ging, bestärkte. Gott schickt immer im richtigen Augenblick jemanden, der dir hilfreich zur Seite steht, wenn du glaubst, es gäbe kein Vorwärtskommen mehr. Man muss diese Person nur erkennen, die Hilfe zulassen und alles weitere geschehen lassen.

Nach diesem Schlüsselerlebnis begann ich mich plötzlich für die Chinesische Ganzheits-Heilmethode zu interessieren, besuchte Seminare, in denen mir viel Wissen und Fertigkeiten über Meridiane, Chakren und deren Energie vermittelt wurde. Aber mein Wissensdurst war damit nicht gestillt. Weiter ging das Lernen. So ließ ich mich zum Kinesiologen und Radiästheten ausbilden, was eine weitere große Bereicherung für mich war. In dieser Zeit des Lernens und der Umsetzung des Erlernten bekamen Anni und ich unseren Sohn Christoph. Gott erfüllte mir auf seine Weise meinen größten Wunsch, in dem er Christoph zu uns brachte. Wenn ich heute an diese Zeit zurückdenke, so könnte man mit den Erlebnissen, die ich mit Christoph und er mit mir hatte, schon ein Buch schreiben. Anni und ich wurden, als Christoph sechs Jahre alt war, geschieden. Unsere Ehe war nach siebzehn gemeinsamen Jahren am Ende. Wir sind Freunde geblieben und konnten uns gegenseitig vergeben. Alles ist gut, so wie es ist. Als Christoph neun Jahre alt wurde, erhielt ich das Sorgerecht für ihn. Von diesem Tag an gingen wir gemeinsam, wie man im Volksmund so schön sagt, durch dick und dünn. Danke Gott und dir, mein Sohn Christoph, dass es dich für mich gibt!

Ungefähr in dieser für mich nicht einfachen Zeit, durfte ich die ganze Kraft meines Schutzengels spüren. Ich fuhr mit meinem Auto sehr spät von der Arbeit nach Hause und war sehr müde. Erinnern kann ich mich noch, dass ich über eine Kreuzung gefahren bin. An sonst nichts mehr. Ich kam wieder zu mir, als mir jemand mit einer Taschenlampe in die Augen leuchtete. Dieser jemand war mein Hausarzt. Ich verspürte starke Kopfschmerzen, mein ganzer Körper tat mir weh. Ich wollte mich aufrichten, mir wurde aber übel dabei. Nach einiger Zeit erkannte ich, wo ich war. Ich lag zu Hause in meinem Bett. Was war passiert? Es wird sich wohl alles so zugetragen haben: Ich bin nach dem Überfahren einer Kreuzung eingeschlafen und dies auf der immens stark befahrenen Gastarbeiterroute im Ennstal. Ich kam mit meinem Auto von der Fahrbahn ab, überfuhr die Gegenfahrbahn und schoss die Straßenböschung hinunter, durchquerte einen Schrebergarten, der mit einem starken Maschendrahtzaun begrenzt war. Ich durchstieß diesen Zaun. Aber eine Betonsäule, an der der Zaun befestigt war, bremste mein Auto und brachte es nur wenige Zentimeter vor einem Obstbaum zu stehen. Ich dürfte dann ausgestiegen und irgendwie auf die Straße zurückgekehrt sein und auf dieser zu Fuß eine Strecke von neun Kilometern zurückgelegt haben, bis ich zu Hause war. Ich legte mich auf die Gartenbank. Hier wurde ich am frühen Morgen von meiner Frau gefunden. Sie holte ihre Mutter zu Hilfe und mit vereinten Kräften brachten sie mich ins Bett und holten den Hausarzt, denn ich war nicht ansprechbar. Dies ergaben die Nachforschungen der Gendarmerie. Mehrmals in dieser Nacht hatte mein Schutzengel seine Flügel schützend über mich ausgebreitet. Seit diesem Erlebnis gibt es für mich keinen Zweifel mehr. Ich glaube an die Existenz von Schutzengeln, Engeln und Lichtwesen. Ich begann mit meinem Schutzengel zu kommunizieren und nahm auch körperlich seine Anwesenheit war. Als ich mutig genug war, bat ich ihn darum, mir seinen Namen zu sagen. Simon sei sein Name, gab er mir zur Antwort. Simon ist seit meiner Geburt mein Schutzengel. Er begleitet mich durch dieses irdische Leben. Er ist mir zum liebevollen Freund geworden. Simon hat mir ein Tor geöffnet, dem ich den Namen „Tor zu der Kraft von Engeln und Lichtwesen" gab. Danke Simon, dass du dieses Tor für mich geöffnet hast. Durch meinen Schutzengel Simon wurde mir der Zutritt zur feinstofflichen Welt und deren Wesen und Energien ermöglicht. Mein Interesse an der kosmischen Energie, und alles was damit in Zusammenhang steht, wurde damit in mir geweckt. Ich las unzählige Bücher und besuchte Seminare und Vorträge über dieses Thema. Dadurch wurde der Zugang zur Geistigen Welt für mich immer leichter. Genau in dieser Zeit meiner geistig-spirituellen Entwicklung lernte ich bei einem Seminar den Leiter der Gesundheitsschule Loipersdorf kennen. Er machte mir das Angebot, an seiner Schule die Bindegewebe- und Segmentmassage zu unterrichten. Ich brauchte nicht lange zu überlegen und nahm dieses Angebot an. Damit begann wiederum ein neuer Lebensabschnitt für mich. Ich durfte das erworbene Wissen und die Fertigkeiten an Masseur(innen), die sich fortbilden wollten, weitergeben. Es war für mich eine schöne und erfüllte Zeit. Ich liebte es zu unterrichten und diese Liebe hat sich bis heute noch verstärkt. Zu unterrichten, Wissen und Kenntnisse an interessierte Menschen weiterzugeben, ist meine innere Berufung. Dies ist neben dem heilsamen Helfen meine wichtigste Aufgabe in diesem Leben.

1991 lernte ich Susanne kennen. Sie wurde meine zweite Ehefrau. Nach Jahren des Miteinanders und Jahren des Nebeneinanders wurde unsere Ehe im Jahr 2000 geschieden.

Durch meine Lehrtätigkeit wurde meine Rhetorik geschult und eine gewisse Angst und Hemmschwelle, vor den Hörern frei zu sprechen, aufgelöst.

Mein bisheriges Massage-Institut wurde von Bad Mitterndorf in die Bezirkshauptstadt Liezen verlegt, und ich eröffnete auch im Wellness-Hotel Dilly in Windischgarsten ein solches. Diese wurden von meinen Mitarbeitern und mir zehn Jahre lang betrieben. In meinen Betrieben wurden auch Lehrlinge zu Masseuren ausgebildet. Irgendwann wurde ich dann Beisitzer, später auch Vorsitzender bei Lehrabschlussprüfungen für Masseure in Oberösterreich.

1993 war es für mich so weit. Ich gründete meine eigene Gesundheitsschule in Wörschach. In den Anfangsjahren wurden hauptsächlich Massage-Seminare durchgeführt. Aber mit meiner persönlichen geistig-spirituellen Weiterentwicklung änderte sich auch das Seminar-Angebot. Ich lernte viele für mich wichtige Personen kennen, die in meiner Gesundheitsschule Seminare abhielten. Das Seminarangebot war breit gestreut: Astrologie, Aura-Sehen, Aura-Fühlen, Erkenne dein Karma und löse es, Wünschelruten-Gehen, Pendeln, Tarot-Karten-Legen, Edelsteine – Halbedelsteine, Handauflegen, Reiki, Meditation, Schamanismus, Shiatsu, Thai-Chi, Chi Gong, die Fünf Tibeter, Farben und Licht, Trommeln, sowie Sport-Massage und andere Massage-Techniken, auch fernöstliche Methoden. Ich war Veranstalter, Schüler und Lehrer – alles in einem. An jedem Seminar nahm ich teil, ließ keines aus, sog all das Wissen und die Kenntnisse, die vermittelt wurden, in mich auf, verglich mein Wissen mit dem der Anderen, ergänzte und erweiterte. In mir gespeichert wurde aber nur das, was für mich tatsächlich wichtig war.

Den Vortragenden bei ihren Referaten zuzuhören, ihre Emotionen, Mimik, Gestik und ihre persönliche Ausdrucksform zu sehen, ob sie nun positiv oder negativ waren, sie hinterließen immer wieder tiefe Eindrücke in mir. Im Gesamten gesehen durfte ich daraus viel lernen und ich bedanke mich nachträglich bei all den Vortragenden für ihre Geduld, die sie mit mir oft haben mussten und das Wissen, das sie den Seminarteilnehmern und mir vermittelt haben. Sie haben mir ein weiteres Tor geöffnet und ich gebe ihm den Namen „Tor zur inneren Aufnahmefähigkeit".

Immer mehr verspürte ich die ganze Kraft, Liebe und die Energie in mir, viele Tore hatten sich bereits geöffnet. Dadurch wurde ich immer mehr zum Sehenden. So konnte ich an mir selbst folgendes wahrnehmen: Wenn ich vor Zuhörern über ein oder mehrere Themen sprach, benötigte ich keinerlei Unterlagen, aus denen ich vorlas oder diese als Gedankenstütze benützte. Immer öfter wurde ich von Zuhörern oder Schülern gefragt, wie ich das mache; alles ohne Unterlagen in meinem Kopf zu behalten und dann über Stunden den Inhalt verschiedener Themen an sie weiterzugeben. Die Antwort darauf ist bis heute dieselbe. Bevor ich einen Vortrag beginne, schließe ich meine Augen und entspanne mich, richte mein Bewusstsein hin zum Kronenchakra (Energie-Zentrum auf der höchsten Stelle am Kopf), öffne dieses, in dem ich mir vorstelle, dass aus dem Chakra heraus eine Blumenknospe wächst, die sich langsam zu einer prachtvollen Blüte öffnet, und dann spreche ich folgendes

Gebet:

Vater, Sohn und Mutter
Und das gesamte kosmische Kollektiv
Ich bitte Dich, ich bitte Euch
Mach mich bitte zu Deinem Kanal
Zu Deinem Diener, zu Deinem Werkzeug
Hier auf Erden.

Lass bitte Licht, Liebe und Wissen durch mich fließen
Öffne du bitte mein Herz
Und die Herzen der Schüler und Zuhörer
So dass wir alle zusammen
In einer gemeinsamen, liebevollen
Schwingung sind.

Übermittle mir bitte das nötige Wissen
Die Kenntnisse und Fertigkeiten zu den Themen
Dieses Seminars.

Ich öffne mich Dir ganz.
Ich lege all mein Tun, mein Handeln
Und mich selbst in Deine Hände.

Vater, Du weißt, dass ich es weiß
Dass alles von Dir kommt.
Ich danke Dir und Euch dafür,
Dass ich Kanal und Mittler sein darf

DANKE

Gott Vater, Sohn und Mutter
Begleite uns bitte durch dieses Seminar
Und durch diesen Tag.
Erfülle diesen Raum und uns selbst
Mit Deinem Licht und Deiner Liebe
Danke für diesen neuen Tag.

DANKE

Nach diesem gesprochenen Gebet, das aus der Mitte meines Herzens kommt, spüre ich, wie ich mich mit dem Kraftnetz, das alles in sich birgt, verbinde und wie durch meine Blüte am Kronenchakra alles in mich fließt. Ja, und dann beginne ich zu sprechen und es fließt und fließt. Ich danke Gott dafür, dass er es zulässt, dass ich mich mit diesem Kraftnetz (Kraft-Gewebe), das den ganzen Kosmos durchdringt und umspannt, das alles in sich birgt, verbinden darf. Gott Vater, Sohn und Mutter, sowie das kosmische Kollektiv haben mir dieses Tor geöffnet. Ich gebe ihm den Namen „Tor zum Kraftnetz".

Ich danke in Demut dafür.

Heute ist für mich vieles klar und selbstverständlich, habe keinerlei Zweifel mehr, denn ich bin tief im Glauben. Dies war jedoch nicht immer so. Folgendes Beispiel dazu: Am Ende eines Vortrages von mir wurden viele Fragen an mich gerichtet. Eine Dame stellte mir eine Frage, auf die ich keine Antwort wusste, denn sie berührte ein Thema, über das ich nichts wusste. Ich habe meine Augen geschlossen, sprach mein Gebet so innig wie nie zuvor, ja, und dann begann ich zu sprechen. Ich hörte mir selbst beim Sprechen zu. Was da hervorkam war für mich und wohl auch für die Zuhörer faszinierend. Ich sprach über Themen und Dinge von denen ich eigentlich gar keine oder nur wenig Ahnung hatte. Seit diesem Augenblick liebe ich Fragen, die an mich gerichtet werden. Ich fuhr nach dem Vortrag nach Hause, aber während der Fahrt stellte ich mir immer, immer wieder die gleiche Frage. Was war nun passiert? Ich sprach über Themen, von denen ich in diesem Leben nur wenig gehört hatte. Eigentlich müsste man für diesen Themenkreis studieren. Noch dazu sah und hörte ich mich selbst sprechen. Hoffentlich werde ich nicht verrückt, und die Leute werden sagen, wir haben es ja gewusst, irgendwann fängt er an zu spinnen. Ich war voller Zweifel und so kam ich auch nach Hause. Ich erzählte Susanne von meinem Erlebnis und meinem inneren Zweifel. Für die Antwort oder den Rat, den sie mir damals gab, bin ich ihr auch heute noch dankbar: „Schau, Kurt, ich weiß es, dass du das kannst. Du musst es nur annehmen und gib deine Zweifel auf, denn dadurch blockierst du dich nur in deiner geistigen Entwicklung, und was die Leute sagen, ist nicht wichtig. Wichtig ist nur, dass du daran glaubst, dass es so ist, wie es ist!"

Erlebnisse dieser oder ähnlicher Art kamen immer öfter vor. So lag ich eines Abends im Bett, das Licht war abgedreht, ich lag im Finsteren. Plötzlich sah ich ein Licht auf mich zukommen. Das Licht erfüllte den ganzen Raum. Ich hatte ein solches Licht vorher noch nie gesehen. Es ging von ihm Wärme, Geborgenheit und Liebe aus. In der Mitte des Lichts befand sich eine goldene Kugel, etwa so groß wie eine Handfläche. Diese kam auf mich zu und glitt in mein Herz. In meinem Herzen öffnete sich diese Kugel. Was dann passierte, kann man mit Worten nicht wiedergeben, aber eines ist sicher, es durchströmte mich ein bisher noch nie gekanntes Glücks-Gefühl. Dieser Begegnung mit dem Licht folgten noch viele. Sie waren immer ähnlich, nur die Farbe der Kugel war jedes Mal anders. Später wurde die Kugel durch ein Dreieck (Pyramide) ersetzt. Ein anderes Mal wieder war in der Kugel ein Dreieck enthalten. Jede dieser Begegnungen beinhaltete eine oder mehrere Informationen für mich, die mir auf meinem Weg der Spiritualität unendlich behilflich waren und noch immer sind.

Wie schon in meiner Kindheit konnte ich in meinen „Visionen" wieder fliegen oder während der Meditation meinen Körper verlassen und so mir selbst beim Meditieren zusehen. Mir wurde durch diese Begegnung mit dem Licht ein weiteres Tor aufgetan. Ich gebe ihm den Namen „Tor zur Feinstofflichkeit". Heute weiß ich, wer und was dieses Licht ist. Mein Dank in Demut an dich, „Das Licht".

Nach diesen Begegnungen mit dem Licht lernte ich einige für meine Weiterentwicklung wichtige Menschen kennen. So zum Beispiel den Amerikaner Michael Bradford und die Groß-Meisterin Ji Kwang Dae Poep Sa Nim. Beide bestätigten mir meine wahre Wirklichkeit; oder den Aura-Seher Oswald Mühlmann, der durch seine Arbeit schon vielen Menschen geholfen hat. Ein weiterer Höhepunkt war die Begegnung mit den fernöstlichen Heilern, z.B. in Malaysia und Borneo. Ihnen und den vielen anderen, die ich nicht namentlich erwähnt habe, möchte ich danken für alles, was sie zu meiner spirituellen Entwicklung beigetragen haben. Aber auch dafür, was sie mir menschlich gegeben haben und noch immer geben. Sie alle miteinander haben mir ein weiteres Tor geöffnet, dem ich den Namen „Tor zur Erneuerung der Toleranz" gebe. Ich danke euch mit Toleranz und Freundschaft.

Von meiner Reiki-Meisterin Inge wurde ich zum Reiki-Meister und -Lehrer geweiht, dabei spürte ich die Energie durch mich fließen. Dies war die erste und letzte Initiation, die an mir von einem mir lieben Menschen durchgeführt wurde. Ich durfte erfahren, dass dies nicht wichtig ist. Es geht auch nicht darum, Meistertitel zu sammeln, sondern man verspürt es selbst, ganz tief in sich, wenn die Zeit der Meisterschaft, des Geist-Heilens, des Schamanen da ist und dies innerlich wie äußerlich. Wenn man den Reifungsprozess, die Reinigung und die spirituelle Erneuerung durchlebt hat, dann ist man bereit dafür, das zu sehen, was man wirklich ist. Man darf niemals daran zweifeln, dass es so ist wie es ist. Wenn ich von Personen gefragt werde, wo ich denn alles erlernt, mein Wissen und meine Kenntnisse erworben habe, so gibt es für mich eine klare Antwort darauf: Durch den tiefen Glauben, die göttliche Führung und Bestimmung, durch die spirituellen Lehrer, durch die Schöpfung, die Menschen und durch dich. Durch dich, ja, auch durch dich. Warum durch mich, wirst du dich fragen? Dies ist ganz einfach erklärbar –

du sprichst mit mir, ich höre dir zu, du hast mir viel erzählt. In deinen Mitteilungen sind sehr oft wichtige Informationen für mich enthalten, die mir persönlich helfen, und damit ich wieder anderen helfen kann. Wenn ich zum Beispiel vor Seminarteilnehmern spreche, so bin ich nicht nur Lehrer, sondern auch Schüler.

Ich danke dir und vielen anderen, dass ihr alle für mich zwei weitere Tore geöffnet habt. Ich gebe ihnen die Namen „Tor des Lehrens und Lernens" und „Tor der Verständigung". Ich danke dir und allen anderen dafür in Verständnis, Toleranz und Liebe.

Ich möchte dir nun eine meiner ersten Inneren Einweihungen beschreiben. Wie fast jeden Abend meditierte ich auch an diesem für mich so erfreulichen Abend. Ich machte mich innerlich zu einem leeren Gefäß, schaffte so Raum und Platz in mir für die spirituelle Erneuerung. Ich kommunizierte mit Gott. Dabei verspürte ich ein warmes Gefühl, ein Kribbeln und Ziehen in meinem Steißbein (Wurzel-Chakra). Dies wurde immer stärker. Plötzlich begann sich dieses Kribbeln und Ziehen zu bewegen, wie eine Schlange. Dabei erschien mir in meinem Dritten Auge eine rot leuchtende Kugel, in deren Mitte sich ein Auge befand, das mich intensiv ansah (heute weiß ich, dass dies der Moment war, in dem das Kundalini in mir erwachte und zu fließen begann). Die Schlangenenergie bewegte sich langsam durch meine Wirbelsäule hoch bis zum ersten Halswirbel. Jetzt öffnete ich intuitiv mein Kronenchakra. Die Schlangen- oder Kundalini-Energie schoss mit aller Kraft, wie eine Fontäne, durch das weit geöffnete Chakra in den Kosmos hinaus, vereinigte sich hier mit der leuchtenden Energie und der All-Liebe des Vaters und fiel dann wie ein rot leuchtender Regen auf mich hernieder. In diesem Augenblick wurde um mich herum und in mir alles ganz still als würde die Zeit still stehen. Ein noch nie erlebtes Gefühl durchströmte meinen Körper. Ich durfte in die Unendlichkeit des Kosmos blicken. Dann kamen Farbkugeln auf mich zu. Jede von ihnen war mit einer Information ausgestattet. Sie glitten durch mein Kronenchakra in meine Körperlichkeit. Als nächstes kamen Bilder auf mich zu. Als sie näher kamen, erkannte ich jeweils eine Person in diesen Bildern. Diese Person war jedes Mal in einer anderen Körperlichkeit zu sehen, zum Beispiel als Mönch in einem tibetischen Kloster oder als predigender Priester auf einer Kanzel stehend. Im nächsten Bild sah ich einen Indianer auf einem weißen Pferd sitzend, mit langem Federschmuck auf dem Kopf, in einer Hand ein Speer und Schild haltend, die andere über den Augenbrauen liegend in die Ferne sehend und noch einiges mehr, in dem Moment, wo diese Bilder in meine Körperlichkeit einflossen und mein Herz und das Sonnengeflecht durchströmten, genau in diesem Augenblick, wusste ich, wer die Person in diesen Bildern war – ich erkannte mich selbst wieder. Ich wurde von Energieschüben durchschüttelt, dann fühlte ich meinen Körper nicht mehr. Ich glitt aus meiner Körperlichkeit und konnte aus einer gewissen Distanz meinen Körper sehen. Dieser begann langsam in goldenem Licht zu strahlen. Als dieses Strahlen wieder nachließ, kehrte ich in meinen Körper zurück. Langsam ebbte alles ab, ich konnte mich selbst wieder spüren, lag aber wie benommen im Bett – es durchströmte mich ein unsagbares Glücksgefühl. Dies war meine erste Innere Einweihung, der aber noch viele in ähnlicher Weise folgen sollten.

Ich danke Gott dafür, dass er mir nicht nur ein Tor geöffnet hat, sondern dass er mich über die Goldene Brücke gehen ließ; von dieser Welt (Alltägliche Welt) in eine andere Welt (Nicht-Alltägliche Welt).

Ich danke dir, Gott Vater, Sohn und Mutter, und ich danke dem kosmischen Kollektiv für die Gnade, die mir zu Teil wurde. Danke.

Verstehst du nun den Unterschied einer Äußeren, von Menschen an Menschen durchgeführten und einer Inneren, vom Kosmos ausgehenden Initiation (Einweihung)?

Dazu fällt mir Folgendes ein:

MANCHE MENSCHEN GLAUBEN ETWAS ZU WISSEN, ICH WEISS, DASS ICH GLAUBE!

Kurz nach meiner ersten Inneren Initiation bekam ich einen Anruf von einer verzweifelten Mutter. Sie erklärte mir, dass ihr Sohn K. unter starken Depressionen litt, Angstzustände hätte und nicht mehr im Stande sei, Auto zu fahren. Wir vereinbarten einen Gesprächstermin. K. war mir kein Unbekannter, wir kannten uns vom Fußballspielen. Ich hatte bei ihm schon seit längerem beobachtet, dass er sich immer mehr zurückzog. Beim Gespräch konnte ich feststellen, dass K. unter starken Angstzuständen litt und dass sich daraus auch andere Beschwerden ergaben, wie zum Beispiel Platzangst, Tunnelangst und Angst davor, Auto zu fahren. K. und ich begannen, miteinander zu arbeiten. Er hatte volles Vertrauen zu mir und ich war wohl auch seine letzte Hoffnung, denn er war schon bei vielen Ärzten und Therapeuten, die ihm aber nicht wesentlich helfen konnten. Wir meditierten gemeinsam. Danach begann ich bei K. mit dem Wenden (eine Uraltmethode, bei der versucht wird, die negative Energie, die krank macht, abzuwenden, ähnlich dem heutigen Aura-Reinigen). Ich legte ihm die Hände auf, wobei ich mich sehr auf das Herz- und Sonnengeflecht-Zentrum konzentrierte; später auch noch das Wurzel-Zentrum, um K. wieder besser mit der Erde zu verbinden. Während des Handauflegens betete ich für K. und bat Gott um Hilfe (damit ich auch die richtige Methode anwende) und seine Energie für K. und für mich. So arbeiteten wir ungefähr drei Wochen miteinander. Der Zustand von K. wurde langsam besser. Nach der vierten Woche war es so weit – K. sollte versuchen, Auto zu fahren. Wir arbeiteten gemeinsam eine Fahrtroute aus, auf der es wenig Verkehr gab, die er nun abfahren sollte. Wir vereinbarten den Tag und die genaue Uhrzeit, wann dieser Versuch durchgeführt werden sollte. Etwa zehn Minuten vor diesem wichtigen Augenblick im Leben von K. wurde ich von ihm angerufen, dass er nun bereit sei. Ich motivierte ihn positiv und danach sagte ich Folgendes zu ihm: „Du nimmst deine Autoschlüssel, gehst zu deinem Auto, sperrst die Tür auf der Fahrerseite auf, dann gehst du auf die andere Seite und öffnest die Beifahrerseite. Nun wirst du mich begrüßen und mich bitten, mit dir mitzufahren. Ich werde zwar nicht körperlich da sein, aber ich bin geistig bei dir. Ja, ich werde dich auf deiner ersten Ausfahrt begleiten, und Gott wird bei uns sein. Danach setzt du dich ins Auto, wirst es starten und die von uns vereinbarte Route abfahren. Während der ganzen Zeit werde ich geistig neben dir sitzen und du wirst mit mir sprechen. Jetzt ist es zehn Uhr, um 10:30 Uhr wirst du wieder zu Hause sein. Du rufst mich an und wirst mir über deine erste gelungene Ausfahrt berichten." Währen K. seine Autofahrt vollzog, saß ich zu Hause und fuhr geistig mit ihm die ganze Fahrtstrecke ab. Um 10:30 Uhr bekam ich den vereinbarten Anruf von K. Dieser war erlösend für mich. K. erklärte mir mit vor Freude weinender Stimme, er habe es geschafft. Es sei auch alles gut gegangen und er bedankte sich bei mir. Meine Antwort war kurz und einfach „Ich freue mich für dich. Bedanke dich bei Gott und bei dir selbst für die Hilfe, die du erfahren durftest." Wir arbeiteten noch einige Zeit miteinander. K. ist heute wieder voll ins Berufsleben integriert und das tägliche Autofahren macht ihm keine Probleme mehr. Platz- und Tunnelangst und die daraus entstehenden Nebenwirkungen sind Vergangenheit. K. ist ein gläubiger Mensch. Er hatte fest daran geglaubt, durch die Kraft Gottes wieder gesund zu werden. Er hatte keine Zweifel daran, dass es nicht so sein könnte wie es gekommen ist. K. hatte zu mir Vertrauen und dafür danke ich ihm.

Und der Erfolg gibt mir recht. Immer mehr verlagerte sich meine Tätigkeit in die geistig-spirituelle Welt. Aber dennoch legte ich noch in dieser Zeit die Prüfung für das Kosmetik- und Fußpflege-Gewerbe ab und erweiterte meine Massagefachpraxis um diese zwei Bereiche.

Mein Leben veränderte sich. Ich hatte nur mehr Zeit für meine Arbeit in meinem Institut und für die Seminare, die ich am Wochenende abhielt. Darunter litt das Familienleben. Aber ich musste und muss meinen Weg gehen – es ist meine Berufung. Mir liebe Menschen haben mir beim Aufbau meiner Energie- und Gesundheitsschule, beim Erstellen der Seminarhefte und dessen Verteilung geholfen und mich dadurch entlastet. Ich bedanke mich bei ihnen. Sie haben in mir ein weiteres Tor geöffnet. Ich gebe ihm den Namen „Tor zum Geben und Nehmen in gleichem Maße". Ihnen übergebe ich meine Liebe, meine Freundschaft. Danke.

Heute werden von mir Seminare in den Bundesländern Steiermark, Salzburg, Tirol, Ober- und Niederösterreich abgehalten und ich hoffe, dass noch viele dazukommen. Meine Berufung ist zu meinem Beruf geworden und mein Beruf zu meiner Berufung.

Vom Kosmos erhielt ich in den letzen vier Jahren noch drei weitere lnitiationen, über diese und die Meisterschaft selbst werde ich in meinem Buch „Der Landschamane - Vom Ich ins Du" berichten.

Vielen Menschen durfte ich durch die Gnade, die mir zuteil wurde, helfen und ich weiß, es werden noch viele folgen. Von einem meiner schönsten Erlebnisse auf dem Weg vom Masseur zum Geist-Heiler und Schamanen möchte ich noch gerne erzählen. Dieses liegt etwa acht Jahre zurück. Am 23. Dezember, also einen Tag vor Heiligabend, betrat eine junge Mutter mit einem Baby auf dem Arm meine Praxis. Der Name des Babys, ein Junge, ist Jürgen. Der Name der Mutter Ruth. Ruth legte mir Jürgen, der damals etwa zwei Jahre alt war, auf meinen Massagetisch und erklärte mir, sie habe von mir gehört, dass ich behinderten Menschen mit Energie helfen könne. Ich sah mir Jürgen an, er lag da, mit seinen großen dunklen Augen und schwarzen Haaren und konnte nichts bewegen. Nicht Arme und Hände, nicht Beine und Füße, auch nicht seinen Kopf. Das einzige, was er bewegen konnte, waren seine Augen – und diese Augen sahen mich an. Der Blick aus ihnen ging tief in mein Innerstes, und in diesem Augenblick wusste ich, dass er mein Seelenfreund ist. Warum Jürgen sich nicht bewegen konnte, wäre eine zu lange Geschichte, man müsste über Menschen urteilen und dies steht mir nicht zu. Jedenfalls war die Diagnose von Ärzten die, dass Jürgen nicht lange zu leben hätte. Die Eltern von Jürgen, Ruth und Walter, waren über diese Aussage bedrückt, aber sie gaben nicht auf und begannen alles zu tun, was für ihren Jungen nur möglich war. So kamen sie auch zu mir – Ruth und Jürgen. Als er nun so vor mir lag, wusste ich zuerst nicht, was ich tun sollte. Wie kann ich Jürgen nur helfen? Ich begann zu beten, bat Gott um seine Führung. Er möge mich führen und meine Hände dorthin lenken, wo ich sie auflegen soll. Ich weiß nicht, wie lange ich mit Gott durch dieses Gebet kommuniziert habe. Aber plötzlich sagte in mir eine Stimme, gehe zu den Füßen von Jürgen und lege deine Handflächen auf seine Fußsohlen, dann sei fest im Glauben und lasse es geschehen. Ich gehorchte der inneren Stimme und legte meine Hände auf seine Fußsohlen. Ich schloss die Augen, bis die innere Stimme zu mir sagte, sieh hin. Ich öffnete die Augen, sah Jürgen an, wie er da lag, sah seine Mutter, wie sie neben der Liege stand und alles beobachtete. Plötzlich spürte ich, dass Wärme durch meinen Körper floss, durch meinen Kopf, durch Schultern, Arme und Hände; meine Handflächen wurden ganz warm und ich begann am ganzen Körper zu zittern. Was dann passierte kann man ruhig als ein Wunder bezeichnen. Jürgen bewegte zuerst die Finger, dann die Hände und dann nahm er langsam die Arme hoch. Ich glaube, mir blieb damals fast mein Herz stehen – vor Aufregung und Freude. Ich sah in das Gesicht von Ruth, ich sah ihre Tränen und wir ließen unseren Gefühlen freien Lauf. Wir weinten vor Freude und Dankbarkeit. Dies war ein Geschenk Gottes an alle Beteiligten und dies einen Tag vor dem Heiligen Abend. Wir sind Freunde geworden – Jürgen, seine Eltern und ich. Seit diesem so wundervollen Erlebnis betreue ich Jürgen und durch die Mithilfe von anderen Therapeuten geht es Jürgen viel, viel besser.

Gott hat uns seine ganze Liebe und Heilkraft zur Verfügung gestellt und hat uns auch gleichzeitig gezeigt, „dass man niemals aufgeben darf!"

Über Jürgen und seine Entwicklung gäbe es noch viel zu berichten, aber dies ein andermal.

War mein Leben bis vor etlichen Jahren mit Tiefen und Höhen, mit Enttäuschungen und Erfolgen, mit Krankheit und Gesundheit, mit Liebe und Hass ausgestattet, so habe ich heute durch meinen Glauben an Gott, die Schöpfung, den Menschen und an mich selbst mein wahres „Ich" gefunden. Ich bin unsagbar dankbar dafür.

Nach vielen Jahren des Suchens und der Wanderschaft lebe ich heute in Ruhe und Frieden mit mir selbst und ich danke allen dafür, die mich auf meinem Weg bis hierher begleitet haben.

Die wahre Wirklichkeit
Trägt man in sich selbst.
Man kann sie nicht kaufen,
Man bekommt sie geschenkt.
Man muss an sich arbeiten,
Zulassen und geschehen lassen.
Tief im Glauben sein
Und die Kraft der Liebe entdecken,
Dann wird sich alles von selbst ergeben und lösen.

Der Landschamane

# DIE TECHNIK DER SELBSTHEILUNG ODER WIE AKTIVIERE ICH MEINE SELBSTHEILUNGSKRÄFTE

Diese Methode habe ich über lange Zeit hin entwickelt und angewendet an mir selbst, an Freunden und an Hilfe suchenden Menschen, ob nun bei körperlichen, geistigen oder seelischen Beschwerden. Unzählige Stunden verbrachte ich damit, Hilfesuchenden zuzuhören, zu hinterfragen, ihre tatsächlichen Probleme zu erkennen und mit ihnen darüber zu sprechen. Mir geht es vor allem darum, dass die Person, die zu mir kommt, sich zuerst einmal aussprechen kann. Ich habe gelernt zuzuhören. Bei genauem Hinhören erzählen sie dir nicht nur ihre Probleme, sondern sie liefern dir fast immer auch die Lösung derselben mit. In diesem schnelllebigen Zeitalter hat niemand mehr Zeit für seine Mitmenschen; jeder ist sich selbst am nächsten; keiner ist dazu bereit, auf die Probleme des anderen einzugehen und zuzuhören. Wir sollen dabei, ein jeder für sich, in sein engstes Umfeld schauen – in die Familie. Hier liegt die Quelle allen Übels. Man nimmt sich keine Zeit, um gemeinsam zu frühstücken. Der Kaffe wird im Stehen getrunken; man sieht aus dem Fenster; es regnet; so ein mieses Wetter. Sollte aber die Sonne scheinen, so meint man, heute gibt es wieder eine Affenhitze – könnte es nicht kühler sein? Der Sohn oder die Tochter hat vergessen, die Schulaufgabe zu machen, diese wird jetzt in Eile nachgeholt. Jetzt, wo sie doch gleich zur Schule müssen. Die Mutter, der Vater, sie rennen durch die Wohnung, suchen nach Unterlagen oder Kleidungsstücken, die sie brauchen und dennoch in diesem Chaos nicht finden usw.

Hast du dich selbst erkannt? Wir handeln so. Wie sollen wir da gesund sein, die innere Ruhe wieder finden? Wir müssen erkennen, dass alles an uns liegt, nur an uns. Wir Menschen neigen dazu, uns selbst krank zu machen, zum Beispiel durch falsche Ernährung, zu wenig oder zu viel Bewegung, durch zu viel Genuss von Alkohol oder Nikotin, durch Drogen sowie das Einnehmen von selbst verordneten Medikamenten, nicht sinnvolle Nutzung von Freizeit, durch selbst auferlegte Zwänge, falschen Ehrgeiz, immer der Beste sein zu wollen, alles besitzen oder haben zu wollen, durch zu wenig Liebe, nicht ausgelebte Sexualität, keine Ziele, Träume und Visionen zu haben, den Glauben an Gott und die Schöpfung und somit an sich selbst verloren zu haben. Ich könnte diese Liste noch weiter fortsetzen, aber du sollst dir selbst darüber Gedanken machen, wo deine Gesundheit zu kranken beginnt.

„Suche nach der Quelle, dem Ursprung allen Übels"
„Erkenne die Ursache und löse sie auf."

Ich will niemanden belehren, sondern dir einfach eine Hilfestellung geben und dir damit eine Möglichkeit zeigen, wie du wieder zu dir selbst, zu Gott finden und somit auch deine Gesundheit wieder erlangen kannst.

„Aktiviere deine Selbstheilungskräfte!"

Ich wage es zu sagen, dass ein Heiler nicht heilen kann, sondern dass immer der Mensch selbst es ist, der sich heilt und natürlich die heilsame Energie, die Gott uns zur Verfügung stellt, damit wir unsere Selbstheilungskräfte aktivieren, so dass wir diese gegen das jeweilige Krankheitsbild einsetzen und dadurch auflösen können. Ich kenne persönlich viele Ärzte, die ihre Berufung darin sehen, den Mensche zu helfen, um Schmerzen zu lindern und Hilfe zu geben, wo Hilfe notwendig ist. Immer wieder bin ich fasziniert, was die heutigen Mediziner im Stande sind zu transplantieren, zu entfernen und zu erneuern. Ich weiß, dass viele von ihnen Großartiges leisten und ihre Berufung zum Beruf gemacht haben. Wir alle benötigen ihr Wissen und ihr Können. Unter der Ärzteschaft gibt es viele Alternativmediziner, Homöopathen und Ganzheitsmediziner. Sie beschäftigen sich intensiv mit den Heilmitteln, die uns die Natur zu bieten hat und setzen diese auch ein.

Ich vertrete die Meinung: Die moderne Medizin und Pharmazie brauchen wir Menschen genauso wie die Naturheilkunde und deren natürliche Produkte. Alles soll sinnvoll eingesetzt und mit Verantwortung gehandhabt werden. Miteinander und nicht gegeneinander und alles zum Wohl des Patienten. Es steht mir nicht zu, über Ärzte und ähnliche Berufe zu urteilen. Wer urteilt oder verurteilt hat sehr oft selbst etwas zu verbergen. Handaufleger, Heiler oder wie sie sich selbst noch bezeichnen wollen, die laufend mit der Ärzteschaft im

Streit liegen oder deren Arbeit und Können gegenüber dritten Personen schlecht machen, sollten zuerst einmal ihr eigenes „Haus" rein halten. Ich habe erlebt, dass selbst ernannte Heiler die von Arzt verordneten, lebenswichtigen Medikamente abnehmen oder anraten diese nicht mehr zu nehmen. Auch das ist im höchsten Grad unverantwortlich und natürlich strafbar. Schwarze Schafe gibt es überall. Breche nie eine Lanze über jemanden, denn es könnte dich auch einmal selber treffen. Ich weiß, dass die Arbeit von seriösen Heilsamen Helfern (Heilern, Geistheilern, Schamanen usw.) sehr oft belächelt und als fauler Zauber abgetan wird. Nur weil verschiedene Techniken und Praktiken, die diese Personen einsetzen und mit denen sie erfolgreich sind, nicht wissenschaftlich belegbar sind. Es gibt viele Dinge zwischen Himmel und Erde, die immer noch nicht erklärbar sind. Vielleicht, wenn die Zeit dafür reif ist, wird man auch diese Geheimnisse lüften. Aber was ist schon Zeit im unendlichen Kosmos.

Nur ein kleines Beispiel dazu:

Wenn jemand vor hundert Jahren gesagt und daran geglaubt hat, Menschen werden den Mond betreten und auf ihm spazieren gehen, so war die allgemeine Aussage dazu: „ Er ist verrückt, den sollte man ins Irrenhaus sperren!" Ich frage dich, war dieser Mensch nun verrückt oder war er seiner Zeit voraus, in dem er ganz fest daran geglaubt hat, dass dies möglich ist?! Die Frage kannst du dir selbst beantworten.

Viele meiner Kolleg(inn)en, die als Heilsame Helfer tätig sind, sind tiefgläubige Menschen. Sie zweifeln nicht an Gott und dessen Energien, die er ihnen zur Verfügung stellt, um den Menschen, den Tieren und der Natur zu helfen. Zweifel ist die größte Blockade, die der Mensch sich auferlegt. Wie soll auch nur irgend etwas eine Wirkung erzielen, wenn man an allem zweifelt? Zweifel beinhaltet für mich noch folgende Wörter:

Warum, wieso, weshalb.

Sie sind für mich negative Wörter und behindern uns in unserem Glauben. Nimmst du diese Wörter aus deinem Sprachschatz, so wirst du ohne Zweifel sein und eine große Blockade überwunden haben. Glaube ist der Schlüssel zu einem harmonischen, liebevollen, gesunden und erfüllten Leben. Nimm diesen Schlüssel an, denn er wird dir stündlich, täglich, ja dein ganzes Leben lang von Gott, seinen Boten und Helfern immer vor deine Augen gehalten. Du musst ihn nur sehen, erkennen und annehmen. Versuche, nicht alles mit deinem Verstand zu lösen. Dadurch setzt du dir die nächste Blockade. Benütze ihn als Kontrolle, horche auf dein Herz und handle danach.

Du musst deinem Herzen vertrauen und glauben. Wir alle sind Menschen und machen Fehler. Fehler sind wiederum dazu da, um aus ihnen zu lernen. Nur aus Fehlern lernt man und so ist es auch mit deinem Herzen. Wie soll dein Herz aber lernen, die richtige Entscheidung zu treffen, wenn du ihm keine Chance dazu gibst? Gib es auf, an dir herum zu nörgeln und in allem, was du tust, das Negative zu sehen. Denke daran: so wie du bist, so ist es gut.

Versuche nicht so zu sein, wie dein Nächster. Du darfst mir glauben, er möchte vielleicht so sein wie du. Begreife, dass du ein wichtiger Teil der ganzen Schöpfung bist. Ansonsten wärst du nicht da – nicht jetzt und in diesem Augenblick. Du bist einzigartig und es gibt keine Kopie von dir, du bist ein Teil des Ganzen. Nimm dich so an, wie du bist! Wenn du einen Fehler machst, zerbrich nicht daran. Versuche, es das nächste Mal besser zu machen. Verhafte nicht in der Vergangenheit, denn Vergangenheit ist und bleibt Vergangenheit, denn du wirst daran nichts mehr ändern können. Lasse sie los, die Vergangenheit. Richte all dein Tun und Handeln im positiven Sinne in die Gegenwart und die Zukunft aus. Lerne vor allem, dir selbst zu helfen. Man muss zuerst selbst heil sein, um anderen heilsam helfen zu dürfen. Ich selbst habe es geschafft und ich weiß, du schaffst es auch. Gib niemals auf, wie tief du auch gesunken (oder krank) bist. Mobilisiere alle Kräfte in dir, um aus dem Tief (oder der Krankheit) wieder heraus zu kommen. Du bist unbesiegbar, wenn du stark im Glauben bist. Glaube mir, ich durfte es an mir selbst erleben. Gehe deinen Weg – deinen eigenen Weg, nicht den Weg, der dir von irgendwelchen Gurus vorgegeben wird. Vorgegebene Wege bringen dich in Abhängigkeit, lass es nicht dazu kommen. Ich kann dir empfehlen, den Weg des Lichtes zu gehen, denn er ist der Weg zu Gott, der Weg des Glaubens, Vertrauens, der Demut, Toleranz, Vergebung, Harmonie, Gesundheit und Liebe. Du wirst deinem Ziel immer näher kommen, wenn du Gott nicht nur im Himmel und in der Schöpfung suchst. Suche, und du wirst ihn auch in dir selbst finden.

Dies alles sind Ratschläge, die auf Selbsterfahrungen beruhen. Ich will und werde niemanden Zwangsbeglücken. Dies wäre der falsche Weg, aber ich möchte dir noch eines sagen: ich würde den Weg des Lichtes immer und immer wieder gehen und zwar so lange, bis ich dort bin, wo das Licht am hellsten ist. Glaube mir, es tut nichts zur Sache, wenn andere Menschen hinter vorgehaltener Hand über dich lachen, dich beleidigen oder noch schlimmer, wenn du aus irgendwelchen Gründen am Boden liegst (bildlich gesehen) und sie dann noch auf dich treten, damit du ja nicht zu schnell wieder auf die Beine kommst. Vergib ihnen, denn sie wissen nicht, was sie tun. Nimm dir an mir ein Beispiel. Ich wurde ausgelacht, verspottet, beleidigt und getreten, aber ich habe die hilfreiche Hand und in ihr den Schlüssel gesehen. Ich habe ihn angenommen. Der Schlüssel zu allem ist und bleibt der Glaube an Gott und an dich selbst. Unser aller Gott will vor allen Dingen, dass wir an ihn glauben und dies nicht nur zu Hause im stillen Kämmerlein und hinter verschlossenen Türen. Das ist kein Glaube – zu seinem Glauben an Gott muss man stehen und ihn wie eine brennende Fackel über seinem Kopf tragen, damit ihn jeder sehen kann. Man braucht sich nicht zu schämen, wenn man an ihn glaubt. Ganz im Gegenteil, du bist es, der niemals mehr alleine ist, denn Gott ist immer da und allgegenwärtig. Nimm ihn an den Schlüssel und das Tor, hinter dem der Weg des Lichtes beginnt, es wird sich auch für dich öffnen!

Gott hat keine Lieblingskinder, wir sind alle seine Kinder. Uns alle liebt er in gleichem Maße. Er, der uns alles gibt, seine uneingeschränkte Liebe, gerade „Er“ wird in einer Sekunde öfter beleidigt als alle Menschen in dieser einzigen Sekunde zusammen.

Gott wird für alles verantwortlich gemacht. Wenn wir sonst keine schuldige Person finden, dann eben Gott. Ihm wird die Schuld gegeben, wenn es Kriege gibt, wenn sich z.B. christliche Völker bis aufs Blut bekämpfen. Gott hat niemandem befohlen, Kriege zu führen. Es sind die Menschen, die dies tun in ihrem Hass oder in ihrem Machthunger und dergleichen. Ihm wird die Schuld gegeben, wenn ein betrunkener Autofahrer einen Verkehrsunfall mit tödlichem Ausgang verursacht. Gott hat nicht dem Autofahrer gesagt, er soll fünf Bier trinken. Es ist wieder der Mensch selbst, der die Gesetze missachtet und dadurch anderen Unglück und Leid zufügt. Sinkt ein Öltanker, weil er überladen, veraltert oder die Mannschaft betunken ist und dadurch eine große Katastrophe ausbricht, wird von vielen Menschen eine enorm wichtige Aussage getätigt: Wie kann Gott das nur zulassen, oder gibt es überhaupt einen Gott? Diese Menschen sollten lieber fragen, warum der Öltanker überladen oder in schlechtem Zustand war, und warum die Mannschaft getrunken hat. Es ist die Schuld der Menschen, die aus allem Profit machen müssen – je mehr umso besser. Gott kann man dafür nicht die Schuld geben. Du sollst darüber nachdenken und einen eigene Liste aufstellen, wie oft wir Menschen Gott fälschlicherweise beleidigen und verfluchen. Blicken wir dabei doch einmal in unser eigenes Leben. Auch wir machen Gott für vieles verantwortlich. Ich möchte dazu einige Beispiele aufzählen:

Ein Schicksalsschlag nach dem anderen bricht über dich herein. Deine oder unser aller Reaktion darauf könnte so lauten: Schon wieder ich. Warum muss gerade ich es sein, dem das Schicksal so schwer zusetzt? Warum hilft Gott mir nicht? Es berührt uns aber z.B. nur wenig, wenn dies alles einem anderen Menschen widerfährt. Ebenso ist es auch mit Krankheiten oder mit dem plötzlichen Tod eines von uns geliebten Menschen.

Glaube mir, diese Menschen tun mir alle leid und ich fühle mit ihnen. Ich versuche, ihnen auf meine Art zu helfen; in Form von Gesprächen, in denen ich ihnen z.B. den Sinn ihrer Krankheit erkläre. Unser Körper gibt lange bevor eine Krankheit ausbricht Signale von sich. Wir missachten diese, weil wir nicht in unseren Körper horchen. In Wirklichkeit kennen wir ihn auch nicht. Unsere Äußerlichkeit noch eher, denn dafür schauen wir uns so oft wie nur möglich im Spiegel an. Würden wir aber auch dabei genauer hinsehen, so würden wir die Veränderungen der Haut wahrnehmen. Nicht die Falten sollte man zählen, denn sie sind ein Tribut des Alters. Du sollst auf alles andere achten, denn „die Haut ist der Spiegel der Seele." Auch die Augen können dir viel erklären. Wird meine Sehkraft auf unerklärliche Weise schlechter, so ist zuerst der Augenarzt aufzusuchen. So kann es aber auch sein, dass du irgend etwas ganz Unangenehmes nicht ansehen willst, z.B.: „Ich verschließe die Augen, um das Leid anderer nicht ansehen zu müssen." Dasselbe gilt auch für die Ohren, z.B.: „ich kann das nicht länger hören." Aber auch für die Nase trifft das zu, z.B.: „Ich kann dich nicht mehr riechen." Es gäbe noch viele Beispiele dafür. Denke selbst einmal darüber nach. Ich weiß, du findest viele an und in dir selbst. Mit den inneren Organen beginnt man sich hauptsächlich dann zu beschäftigen, wenn ein Organ als krank diagnostiziert wurde. Unsere Organe geben aber ebenfalls lange bevor sie „ernstlich krank" sind Signale ab. Ich möchte dir gerne dies anhand von zwei Beispielen erklären.

Ein Herzinfarkt kommt ganz selten von einer Sekunde auf die andere. Er kündigt sich lange vorher an, z.B. durch Ziehen im linken Arm, Stechen zwischen den Schulterblättern oder Schmerzen im Brustbeinbereich, Atemlosigkeit usw. Solltest du je solche Symptome an dir wahrnehmen, suche umgehend einen Internisten auf und lass einen Herzcheck durchführen.

Leidest du unter Bluthochdruck, deine Sehkraft lässt nach, in den Beinen staut sich Flüssigkeit, deine Gesichtsfarbe ist unnatürlich rot gefärbt und du verspürst einen anhaltenden Druck im Kopf, signalisiert dir dein Körper, dass deine Nieren nicht optimal funktionieren. Auch hier solltest du umgehend einen Internisten aufsuchen. Lieber einmal zuviel einen Arzt konsultieren als umgekehrt. Bei Früherkennung von Krankheiten gibt es heute viele Möglichkeiten, diesen positiv entgegen zu wirken. Darum betrachte deinen Körper mit offenen Augen, horche in ihn hinein, was er dir zu sagen hat. Nimm deine Hände und deinen Tastsinn zu Hilfe, erforsche damit deinen Körper. Nimm alle Veränderungen wahr, registriere sie und dann unternimm etwas dagegen.

Ein Krankheitsbild möchte ich noch erwähnen. Ganz besonders darum, weil ich in letzter Zeit erschreckend oft damit konfrontiert werde: „Brustkrebs". Dieses Krankheitsbild zieht wie ein dunkler Dämon durch jede Altersgruppe der Frauen – von jung bis alt. Was kann ich den Frauen aus meiner Sichtweise empfehlen, damit man diese Form von Krebs früh genug erkennt und alles einsetzen kann, damit man ihm positiv entgegenwirken kann. Frauen sollen regelässig ihre Brust abtasten, langsam Zentimeter für Zentimeter. Die Augen sollen dabei geschlossen sein. Dadurch wird man von keinen anderen Wahrnehmungen abgelenkt. Wird dabei ein Knoten entdeckt, der bei der letzten Abtastung nicht vorhanden war, dann suche umgehend einen Arzt auf. Schiebe den Arztbesuch nicht auf. Bedenke, auch ein kleiner Schneeball kann zur Lawine werden. Beachtung muss man aber auch Druckstellen und Hämatomen schenken, ebenso Schmerzen und Ziehen in den Brüsten. Abtasten sollte man auch öfters die Lymphknoten in den Achselhöhlen. Registriere jede Veränderung und teile diese deinem Vertrauensarzt mit.

Ich bin entsetzt darüber, wenn „gewisse Heiler" den von Brustkrebs befallenen Frauen Heilung versprechen. Diese Frauen müssen in ärztliche Behandlung. Die Knoten müssen labormäßig untersucht werden, ob sie gut- oder bösartig sind. Für die seriösen Heilsamen Helfer gibt es immer noch genug „Arbeit". Eine Energie-Therapie hilft unterstützend mit, den Heilungsprozess zu beschleunigen. Ich finde es als große Verantwortungslosigkeit, Hilfe suchende Frauen, die vertrauensvoll eine(n) Heiler(in) aufsuchen, nicht auf die brisante Lage, in der sie sich befinden, hinzuweisen und sie gleich zum Arzt zu schicken, statt dessen an ihnen aber, wie man im Volksmund sagt „herumdoktern". Solche Verantwortungslosigkeit kann im schlimmsten Fall mit dem Tod enden. Ich frage dich: wer übernimmt dann die Verantwortung. Eine Verantwortung, die den Tod, aber nicht das Leben zurückbringt.

Passe also gut auf, in welche Hände du dich begibst!

Anhand dieser Beispiele wollte ich dir vor Augen führen, wie wichtig es ist, auf die Signale deines Körpers zu achten!

Gott ist nicht verantwortlich für unsere Krankheiten. Zum Großteil sind wir Menschen es selbst, die die Krankheiten herbeiführen. Heute wissen wir, dass ein Großteil aller Krankheiten ihren Ursprung in der Psyche hat. Oft reden die Menschen sich Krankheiten so lange ein, bis sie auch tatsächlich ausbrechen. Sehr häufig findet man bei einem Hilfesuchenden den Ursprung des Übels in der Vergangenheit. Seelische Schmerzen, die ausgelöst werden können z.B. durch den Tod eines geliebten Menschen, durch Verlassen werden von seinem Partner, Kinderlosigkeit, um eine Erbschaft betrogen, sexueller Missbrauch und dies ganz im besonderen durch Familienangehörige. Dies ist nur ein Bruchteil dessen, was man hier aufführen könnte. Solche Erlebnisse sind der Auslöser von Krankheiten, die schon lange in einem geschlummert haben.

In Hunderten von Gesprächen stellte ich den Hilfesuchenden immer die gleiche Frage: „Was hat sich vor Ausbruch der Krankheit zugetragen, das dich aus deinem bisherigen, gewohnten Lebensrhythmus warf?“ Ich ließ ihnen viel Zeit zum Nachdenken. Dabei beobachtete ich genau ihre Mimik und Gestik, ihre Körperhaltung sowie das allgemeine Verhalten in dieser Situation. Sehr oft begannen sie zu weinen oder blickten mich hilfesuchend an. Dabei sah ich tiefe Traurigkeit in ihren Augen, wieder andere begannen zu zittern oder es bildeten sich Schweißperlen auf ihrer Stirn. Hier half fast immer das gleiche: intuitiv legte ich meine Hände auf ihre Hände. Nach einer gewissen Zeit wurden sie ruhiger und entspannter. Durch das Auflegen meiner Hände auf die Ihrigen kam es zu einer Heilsamen Berührung. Dies wiederum führte zu einem Gespräch ohne Worte. Aber ebenso fühlte sich der Hilfesuchende plötzlich nicht mehr so alleine gelassen. Da gibt es plötzlich jemanden, der dich versteht.

Ich darf dir gestehen, dass diese Augenblicke für mich immer wunderschön sind, dass ein Rieseln durch meinen Körper fließt und ein Glücksgefühl mich durchströmt. In diesen Augenblicken bin ich Gott ganz nahe und ich danke ihm dafür, dass ich der sein darf, der das erlebt. Der Hilfesuchende und ich haben die Verbindung hergestellt. Diese Verbindung heißt Vertrauen. Dann haben sie ihr Herz geöffnet und haben erzählt aus ihrer Vergangenheit. Was dabei aus ihnen herauskam, ist nicht wiederzugeben. Aber sie durften nun über Dinge reden, die sie schon jahrelang mit sich herumtrugen, von denen oft nicht einmal der jeweilige Partner oder die Eltern etwas wussten oder ahnten. Einige erzählten mir, dass sie geglaubt haben, die Probleme der Vergangenheit schon aufgearbeitet zu haben. Andere wieder waren entsetzt, dass sie noch so viel Hass in sich verspürten oder um einen großen Teil ihres Lebens betrogen worden sind.

Führst du selbst einmal solche Gespräche, dann berücksichtige folgendes: Erstens musst du selbst ausgeglichen und ruhig sein. Hektik, Unkonzentriertheit und Ruhelosigkeit sind hier fehl am Platz. Du musst dir für solche Gespräche viel Zeit lassen und sieh dabei nicht auf die Uhr. Es entsteht sonst bei deinem Gesprächspartner ein negativer Eindruck und er wird dir nichts von dem, was er in sich trägt, erzählen. Unterbrich nicht seinen Redefluss, horche einfach zu und halte alle Informationen, die für dich wichtig sind, im Geiste fest. Wenn dein Gesprächspartner nichts mehr zu sagen hat, lasse einfach ein paar Minuten verstreichen, bevor du ihm Fragen stellst, deren Antworten das Gesamtbild abrunden sollen. Vergiss nicht, dem Hilfesuchenden vor dem Gespräch folgendes zu sagen: Alles, was immer du mir erzählst, ist nur für mich und dich bestimmt und wird diese Räumlichkeiten (wo eben das Gespräch stattfindet) nicht verlassen. Dies ist absolut wichtig für das Vertrauen zwischen euch. Brich dieses Vertrauen niemals. Dies würde bald ein negatives Licht auf dich werfen und dein Ruf würde bald sehr schlecht sein.

Wie hilft man oder welche Ratschläge gibt man nun solchen Menschen, die ihre Vergangenheit noch nicht aufgearbeitet haben? Sind es schwerwiegende psychische Probleme oder Depressionen, so empfiehlt man einen Psychologen aufzusuchen, der hier sicherlich helfen kann. Des öfteren wird mir dann erklärt, dass sie dies bereits getan und dabei keinen Erfolg erzielt hätten. Auf meine Frage hin, warum sie glauben, dass diese Besuche beim Psychologen nicht den gewünschten Erfolg gebracht haben, antworten sie mit folgender Aussage: Es sei keine gute Gesprächsbasis vorhanden gewesen, es wurde das Gespräch oft durch Telefonate gestört oder der Therapeut hätte ihnen nicht richtig zugehört. Meine Empfehlung ist dann immer die selbe: Versuchen sie es mit einem oder einer anderen, wo sie von vornherein ein gutes Gefühl haben, oder wie ich zu sagen pflege – wo die Schwingung passt.

Fragst du mich, wie ich dabei helfen kann, dass der Hilfesuchende seine Vergangenheit aufarbeitet, annehmen und loslassen kann, so kann ich sie mit einem Wort beantworten: VERGEBUNG. Es ist zwar nur ein Wort, aber mit großem Inhalt. Am wichtigsten ist es meiner Erfahrung nach, mit Gott Frieden zu schließen. Er vergibt, wenn es tief aus deinem Herzen kommt. Gott ist gut und er liebt all seine Kinder. Er ist nicht böse und unverzeihend, wie er oft dargestellt wird. Bitte ihn um Vergebung und lasse das Tor zu deinem Herzen für Gott offen. Es wird vielleicht nicht gleich beim ersten Mal gelingen. Das verlangt auch niemand. Gib nicht auf. Sprich mit Gott, so wie ich gerade mit dir spreche. Er versteht dich besser als du glaubst. Wenn Gott wieder in dein Leben zurückgekehrt ist und du den Glauben an ihn gefestigt hast, wird es dir körperlich, geistig und seelisch wieder besser gehen. Du wirst den Boden unter deinen Füßen wieder spüren, lachen und weinen und die Freude am Leben ist wieder zurükkgekehrt.

„MACHE FRIEDEN MIT GOTT“

VERGEBUNG:

Vergib aber auch jenen, die dich verletzt, gedemütigt, missbraucht, betrogen, geschlagen, verlassen und ihre Liebe entzogen haben. Wut, Zorn und Hass zerfressen dich langsam aber sicher. Hass erzeugt wieder Hass. Es ist ein Kreislauf, aus dem du nicht ausbrechen kannst. Es ist wie ein Muster, dass sich immer wiederholend durch dein ganzes Leben zieht. Es ist an der Zeit, dass du Wut, Zorn und Hass aus deinem Leben, deinem Herzen und deinem Geist für immer verbannst. Du musst annehmen, vergeben und dann loslassen.

ANNEHMEN:

Auch das ist wiederum ein Wort mit großem Inhalt. Ich versuche, dir dieses Wort aus meiner Sicht zu erklären. Bevor du was loslassen kannst, musst du es als dein Problem, deine Krankheit usw. erkennen und annehmen. Ich weiß, es ist schwer, aber es gibt keine Alternative dazu. Ein Beispiel dazu, wie man eine Krankheit annimmt: Du hast Durchfall und sagst zu dir: nun gut, du gehörst zu mir, du bist ein Teil von mir, nicht eine Krankheit von irgend jemanden, sondern ausschließlich die meinige. Wie und was auch immer meinen Durchfall verursacht, ich nehme dich an, denn du gehörst zu mir. Aber nach dem ich dich angenommen habe, will ich, dass du meinen Körper wieder verlässt, so wie du gekommen bist und zwar für immer. Ich versichere dir, dass ich ab diesem Moment gegen dich antreten werde und ich werde nicht zulassen, dass du wieder kommst. Ich bin der Sieger in diesem Kampf. Ab diesem Moment sage ich meinem Körper, Geist und meiner Seele „Ich bin gesund.“ Du musst deinem Körper einen klaren Befehl geben und keinen Zweifel aufkommen lassen, wer das Sagen hat. Sage niemals, ich wünsche mir gesund zu werden. Wie du weißt, kann man Wünsche erfüllen oder nicht. Wichtig ist auch die Wortwahl in der Sprache. Sagst du immer wieder Durchfall, so löst du mit diesem Wort, das in deinem Unterbewusstsein gespeichert ist, den selbigen wieder aus. Verwende ein anderes liebevolles Wort dafür. Diese Technik kannst du bei allen anstehenden Problemen und Krankheiten anwenden. Unzählige positive Rückmeldungen der Hilfesuchenden geben mir recht.

LOSLASSEN:

Wenn du alles angenommen hast, kannst du jetzt loslassen. Ich habe viel Zeit damit verbracht, eine Technik zu erarbeiten, die für jeden Hilfesuchenden verständlich und auch nachvollziehbar ist. Ein Beispiel: Du kommst in mein Studio und erwartest Hilfe von mir. Nach dem Gespräch erkläre ich dir meine Möglichkeiten, dich dabei zu unterstützen, deine Selbstheilungskräfte zu aktivieren und dadurch auch dein Immunsystem zu stärken. Dann folgen die Erklärungen über den Glauben, die Vergebung, das Annehmen und das Loslassen. Wenn ich dir helfen darf, so musst du aktiv dabei mitarbeiten. Auf dies lege ich großen Wert, sonst würde sich nichts zum Positiven verändern. Folgendes musst du eine Woche lang an jedem zweiten Tag durchführen: Du nimmst ein Blatt Papier, auf dem du all deine negativen Eigenschaften, die du an dir selbst erkennst, der Reihe nach aufschreibst. Sei dabei ganz ehrlich zu dir selbst. Lies das Geschriebene mehrmals laut vor dich hin. Es könnte ja sein, dass du etwas vergessen hast. Ist das der Fall, dann füge es noch dazu. Dann schreibst du folgendes: Ich nehme alles an, was ich geschrieben habe, denn dies alles ist auch ein Teil von mir. Ich vergebe allen, auch mir selbst. Ich lasse alles los. Zuletzt schreibst du all deine Probleme oder Krankheiten, die du auch unterstreichen solltest. Bist du mit dem Schreiben fertig, so lies es noch mehrmals laut durch. Dann wird folgendes gemacht: Du besorgst dir ein Stück Holz oder ein Brett, das die Größe von deinem Zettel hat. Durch dieses schlägst du nun einen Nagel durch, so dass du deinen Zettel darauf aufspießen kannst. Du suchst nun einen ruhigen Platz an einem Bach oder Fluss auf. Bei der nun folgenden Handlung solltest du ungestört sein. Jetzt hältst du das Brett mit dem Zettel in der rechten Hand, in der linken hältst du ein Feuerzeug, mit dem du jetzt den Zettel anzündest. Dieser beginnt zu brennen, Feuer ist das Element der Reinigung und durch Feuer entsteht Rauch, der jetzt zum Himmel steigt. Du erinnerst dich, was du alles auf das Blatt Papier geschrieben hast. Stell dir dabei jedes Wort noch einmal ganz bewusst vor und nun sieh zu, wie sich alles in Luft und Rauch auflöst. Ja, du kannst wirklich zusehen, wie alles von dir geht. Du hast das erste Mal losgelassen und ein befreiendes Gefühl wird dich durchfluten. Aber du stehst ja am Ufer eines fließenden Gewässers und hältst noch immer das Brett, auf dem der Zettel geheftet war, in deiner rechten Hand. Es kann vorkommen, dass dieser nicht ganz verbrannt ist. Das tut nichts zur Sache. Du hast jetzt die zweite Möglichkeit, loszulassen. Visualisiere dabei all die Worte, die du geschrieben hast, auf das Stück Brett in deiner Hand. Lege das Selbige jetzt in das fließende Wasser, gib ihm einen Schubs, so dass es von der Strömung mitgenommen wird. Jetzt kannst du dabei zusehen, wie all deine negativen Eigenschaften, das Annehmen, Vergebung und die Krankheiten von dir wegfließen. Es wird alles von dir gehen. Glaube ganz fest daran und lass keinen Zweifel aufkommen. Du hast ja selbst gesehen, wie alles im Rauch aufgegangen und wie das Wasser alles mitgenommen hat. Bis es vor deinen Augen verschwunden ist. Ich sage dir, es hilft, wann du daran glaubst. Die vielen positiven Rückmeldungen geben mir recht.

Ich persönlich verlange von den Personen, die meine Hilfe in Anspruch nehmen, dass sie dieses Loslassen-Ritual mindestens dreimal durchgeführt haben, bevor ich mit meiner heilsamen Behandlung (auch bei Fernbehandlung) beginne. Bei bettlägerigen Kranken kann dies auch von einer vertrauten Person durchgeführt werden. Noch eine andere Möglichkeit wäre, den Zettel in deinem großen Gefäß zu verbrennen und den Rest im WC hinunterzuspülen.

Du hast nun eine meiner Techniken des heilsamen Helfens kennen gelernt. Diese dient ausschließlich dazu, deine Selbstheilungskräfte zu aktivieren und dein Immunsystem zu stärken, ebenso aber auch deinen Körper, Geist und deine Seele wieder in Einklang zu bringen und dadurch wieder in Harmonie zu sein.

Merke: Der Mensch heilt sich immer selbst. Ich, du und viele andere können ihn dabei hilfreich unterstützen.

# DIE HEILSAME MEDITATION – EINLEITUNG

Diese Form der Meditation habe ich im März 2002 im ORF in der Barbara Karlich-Show zum Thema „Ein Wunder? Du hast mich geheilt!" in Kurzform dargebracht. Über 600 Anrufe und viele Briefe waren die Reaktion darauf. So erzählten mir einige Leute, die die Meditation im Fernsehen gesehen, gehört und auch mitgemacht haben, sie hätten dabei Wärme und Entspannung wahrgenommen und Linderung ihrer Schmerzen verspürt. Mich haben diese Informationen sehr glücklich gemacht und dazu motiviert, die Meditation in diesem Buch in voller Länge zu veröffentlichen. Ich wende diese Meditation auch für mich selbst an, wie auch bei allen Fernbehandlungen, wo die Hilfesuchenden ja nicht anwesend sein müssen. Über viele Jahre habe ich diese Form der Meditation (oder du könntest sie auch als Gebet ansehen) erarbeitet, verändert und ergänzt, bis sie für mich aussagekräftig genug war, so dass ich sie an andere Hilfe suchende Menschen weitergeben kann. Sie ist leicht erlernbar und bei regelmäßiger Anwendung wird der Erfolg nicht lange auf sich warten lassen. Die besondere Wirkung erzielt man jedoch mit ihr, wenn man vorher auch das Aktivieren der Selbstheilungskräfte durchführt.

Es werden in diesem Buch auch einige Briefe abgedruckt, die von Hilfe suchenden Menschen stammen, die von mir mit dieser Methode heilsam behandelt wurden. Was in diesem Buch noch nicht beschrieben wird, ist die Organ-Reinigung, die aber bei jeder Fernbehandlung von mir als drittes wichtiges Element eingesetzt wird. Über die Technik und meine Erfahrungen mit der Organ-Reinigung wird in meinem nächsten Buch („Der Landschamane – Vom Ich ins Du") berichtet.

Wenn du in ärztlicher Behandlung bist, sprich mit deinem Arzt darüber, ob du meditieren oder autogenes Training zusätzlich zu seiner Behandlung als Unterstützung durchführen kannst. Dies trifft ganz besonders dann zu, wenn du schwere Depressionen hast oder psychisch krank bist.

Du brauchst dich nicht für etwas zu schämen, das du gerne tun möchtest und das dir zusätzliche Hilfe gibt. Ich kenne viele Ärzte, die auch in der Meditation oder in ähnlichen Praktiken ihre innere Ruhe wiederfinden und aus ihr neue Kraft schöpfen.

Wenn du meditierst, solltest du aber einiges berücksichtigen:

- Wähle einen ruhigen Raum, wo du ungestört bist (kein Radio, Handy, Fernseher oder sonstige Lärmentwicklung).
- Die Raumtemperatur soll angenehm warm sein.
- Schaffe dir ein schönes Ambiente (Kerzenlicht, diskrete Beleuchtung, etwas vorher den Raum ausräuchern).
- Sorge dafür, dass der Raum gut durchgelüftet wurde (Sauerstoff).
- Wähle eine Unterlage aus, auf der du bequem liegen kannst, oder einen Sessel, auf dem ein entspanntes Sitzen möglich ist.
- Du trägst während der Meditation eine lockere, bequeme Kleidung (nichts Beengendes tragen, ansonsten würden Blockaden entstehen – eine Entspannung wäre dann nicht möglich und der Energiefluss würde nicht harmonisch sein).
- Lege auch die Armbanduhr sowie alle Schmuckstücke, die du trägst, ab – denn auch sie können blockierend auf den Energiefluss einwirken.
- Du kannst während der Meditation eine leise gespielte, dafür geeignete Hintergrundmusik verwenden.
- Meditieren darfst du auf keinen Fall unter Zeitdruck – du musst dir genügend Zeit dafür nehmen.
- Du entspannst dich ganz, schließt deine Augen und atmest tief und gleichmäßig.
- Solltest du während der Meditation starke Angstzustände haben oder starke organische Schmerzen verspüren, dann musst du die Meditation abbrechen und am nächsten Tag neu versuchen.
  Das Abbrechen und Beenden der Meditation (auch als Zurücknehmen bekannt) wird wie folgt durchgeführt:

- Zuerst die Finger zur Faust schließen und sie dann ruckartig wieder öffnen (dies mehrmals wiederholen), dann die Augen öffnen, die Hände, Arme, Füße und Beine bewegen, aber auf jeden Fall noch fünf bis zehn Minuten ruhig und entspannt liegen oder sitzen bleiben. Dies ist wichtig für unseren Kreislauf und die Organe. Es ist ja auch für dieselbigen etwas Neues und es muss erst eine Umstellung darauf erfolgen.
- Eine Meditation dauert verschieden lange. Bist du aber mit dem Meditieren noch nicht so vertraut, so würde ich dir vorschlagen. Mit einer 45 Minuten dauernden Meditation zu beginnen. Mit der Zeit lernst du dich zu entspannen und die Meditation auf eine oder eineinhalb Stunden auszudehnen.
- Die innere Uhr gilt es dabei zu aktivieren – auch dies wirst du lernen. Du musst dir die Zeit (z.B. von 19:00 bis 20:30 Uhr) in dein Unterbewusstsein eingeben, dann wirst du, im Falle dass du während der Meditation eingeschlafen bist, zu der gewünschten Zeit auch wieder erwachen.
- Am Anfang wird dir dies vielleicht nicht gleich gelingen. Dann verwende einen Wecker (gib die Uhrzeit ein, z.B. 20:30) und er wird dich durch einen Signalton zu der gewünschten Zeit wieder aus dem Schlaf holen. Dies ist gerade dann wichtig, wenn du am Morgen oder tagsüber die Meditation durchführst. Aber glaube mir, irgendwann wird es deine innere Uhr schaffen, dich zur gewünschten Zeit zurück zu holen.
- Um einen Fortschritt oder ein Lösen deiner anstehenden Probleme zu erzielen, solltest du jedoch beim Meditieren nicht einschlafen, denn später – nach längerer Zeit des Übens – sollst du aktiv daran mitarbeiten, die heilsame Energie in deinem Körper dorthin zu lenken, wo sie benötigt wird.
- Lege dir keinen Erfolgszwang auf. Auch das blockiert dich mehr als du glaubst. Lasse es einfach geschehen, ohne Zwang.
- Dreimal pro Woche zu meditieren reicht für den Anfänger. Später kannst du sie täglich durchführen.
- Schreibe alles auf, was du in deiner Meditation erlebst – ob Verbesserung deines Zustandes, jede noch so kleine Verände-

rung, die du an dir im positiven oder negativen bemerkst. Führe eine Art Tagebuch. Dieses kann dir dann einmal zeigen, welche Veränderungen in deinem Körper, Geist und in deiner Seele vor sich gegangen sind.

- Achte darauf, dass du immer am Anfang und am Ende der Meditation deinen Organen suggerierst, dass sie in Ordnung sind (z.B. Herz und Atmung sind im Einklang).
- Beachte bitte bei meinen Meditationen das Punkt- und Strichzeichen. Diese bedeuten, dass du bei einem Punkt eine Sprechpause von etwa ein bis zwei und bei einem Strich etwa drei bis fünf Sekunden einlegen sollst. Durch diese Pausen wird den Wörtern mehr Kraft verliehen und sie gehen viel besser in dein Unterbewusstsein.
- Meine Meditationen sind als Hilfe anzusehen und sind keine Muss-Vorgabe. Du kannst den Text ändern, so wie er für dich besser und hilfreicher sein mag.

Ich wünsche dir viel Geduld und Erfolg mit der nun folgenden Meditation. Ich weiß, du schaffst es – glaube selbst ganz fest daran.

# DIE HEILSAME MEDITATION IST „LIEBE“

Ich setzte oder lege mich entspannt hin · schließe meine Augen · und atme tief und gleichmäßig · ich atme ein · ich atme aus – ich spüre, wie der Körper sich bei jedem Ein- und Ausatmen · mehr und mehr entspannt · ein Gefühl von Schwere durchströmt meinen Körper · Arme und Beine sind nun ganz schwer · alles fühlt sich ganz schwer an – ich nehme jetzt wahr, wie Wärme in mir zu fließen beginnt · zuerst werden meine Hände und Arme angenehm warm – jetzt spüre ich, wie auch meine Füße und Beine warm werden – und nun fühlt sich mein ganzer Körper angenehm warm an · aber mein Kopf bleibt kühl – mein Herz schlägt ruhig und kräftig · Blutdruck und Kreislauf sind ganz normal – die Atmung ist tief und gleichmäßig · es atmet mich · ich werde geatmet · ich bin ruhig, entspannt und gelöst · all meine Organe arbeiten ganz normal · und jedes seiner Funktion entsprechend · alles ist richtig und gut – aus meinem Sonnengeflecht strömt Wärme · fließende, strömende Wärme · innerlich werde ich jetzt von Wärme durchströmt – aus meinem Hara fließt Energie · sie bringt mir Lebensfreude · Lebensbejahung · Lebenskraft und Lebensmut zurück – darüber hinaus bewahre ich einen kühlen Kopf – einen kühlen Kopf bewahren heißt für mich · mit beiden Beinen fest im Leben stehen · dadurch fest verwurzelt sein mit der Mutter Erde · ich stehe mit beiden Beinen fest im Leben · nicht abheben will ich · sondern leben · jetzt und im Da gilt es zu leben – nun bin ich ruhig, entspannt und gelöst – ganz, ganz ruhig – wie in jeder Meditation möchte ich mich nun zu dir bekennen · Gott Vater, Sohn und Mutter · ich bitte dich darum · dass du mich durch diese Meditation führst und begleitest – ich bitte dich, mach mich zu deinem Kanal · zu deinem Diener · zu deinem Werkzeug hier auf Erden – lass bitte deine Energie · in Form von Licht · Liebe · und Heilkraft dich mich fließen – wenn ich dein Kanal, Diener und Werkzeug für dich sein darf · so erlaube es mir bitte · ganz in deinem Sinne · und immer wissend · dass du es bist, die diese Energie zur Verfügung stellt · an meine Mitmenschen · an die Tiere und an die Natur weiterzugeben – ich bitte auch für mich selbst · deine Energie zu meinem eigenen Wohle · nutzen zu dürfen – danke – nun bin ich ruhig · entspannt und gelöst · ganz ·

ganz · ruhig – jetzt mache ich mich zu einem leeren Gefäß · zu einem leeren Gefäß machen bedeutet für mich · alles loszulassen· alles Verhaftende loszulassen · alle meine negativen Taten und Eigenschaften · annehmen · all die meinigen erkennen · annehmen · und sie jetzt loslassen · mit jedem Atemzug nehme ich neue Energie auf · jedem Ausatmen · gebe ich eine negative Tat oder Eigenschaft mit· ich atme ein · ich atme aus · ich atme ein · ich atme aus · ein · aus · ein · aus · mit jedem Atmen, Ein- und Ausatmen · werde ich immer freier · immer mehr werde ich so · zu einem leeren Gefäß · ich atme ein · ich atme aus · ein · aus · ein und wieder aus · nun habe ich alles losgelassen · ich habe mich zu einem leeren Gefäß gemacht · ich habe dadurch Raum in mir geschaffen · Raum für das Neue · für das Positive · für positives Denken und Handeln · ich werde an diesem Augenblick des Loslassens · nur mehr positiv denken und handeln – ich bin ruhig und entspannt · ganz · ganz ruhig · und entspannt – nun ist alles Äußerliche verstummt – sollten Gedanken und Bilder · aus dem Alltag heraus den Weg zu mir suchen, dann lasse ich sie vorbeiziehen – nicht festhalten – einfach vorbeiziehen lassen – nun ist alles Äußerliche und Innerliche verstummt – ich atme tief und gleichmäßig – mit jedem Atemzug gehe ich tiefer in mich selbst – wie bei einer Wendeltreppe · gehe ich hinunter · in mich selbst – ich gehe tiefer – immer noch tiefer · Stufe für Stufe · immer noch tiefer · ich atme ein · ich atme aus . immer tiefer gehe ich in mich selbst · immer noch tiefer · Schritt für Schritt · Stufe für Stufe · immer noch tiefer · jetzt habe ich mein innerstes erreicht · ich bin in meinem Herzzentrum · mitten in meinem Herzen – ich schwebe · ich nehme meine Körperlichkeit nicht mehr war · ich schwebe · ich bin schwerelos – jetzt richte ich mein Bewusstsein hin zu meinem Herzen – ich will jetzt ganz bewusst mein Herzzentrum öffnen – durch meine bewussten Gedanken · öffne ich dieses Zentrum vom Rücken her · von der Mitte der Brustwirbelsäule her · nach vorne hin · zum Brustbein – ich öffne dieses Zentrum · von der Mitte der Brustwirbelsäule her · nach vorne hin zum Brustbein · ich stelle mir dabei vor · wie aus meinem Herzzentrum heraus · und durch das Brustbein hindurch – eine wundervolle, grüne Knospe wächst · diese grüne Knospe öffnet sich nun langsam · und so wird sie nun zu einer prachtvollen, in warmen grün strahlende Blüte – ich visualisiere mir dieses warm strahlende Grün · der Blütenkelch ist nun ganz weit geöffnet · mein Herzzentrum ist nun ganz, ganz weit geöffnet – dieses Zentrum ist das Zentrum der Liebe – ich habe ganz intuitiv das Zentrum der Liebe geöffnet – ich atme jetzt bewusst durch die grüne Blüte · ich atme ein · ich atme aus – jetzt stelle ich mir vor· dass die ganze Energie · die es rund um mich herum gibt · eine warm strahlende, grüne Farbe annimmt· diese warm strahlende, energetische Farbe · beinhaltet die ganze Heilkraft des Vaters · des Sohnes · und der Mutter · es ist Schöpfungsenergie · und trägt die ganze Kraft · des Lichtes · der Liebe · und der Heilung in sich – ohne Licht gäbe es kein Leben · Licht begleitet mich durch mein ganzes Leben · so auch auf dem Weg zum Vater · bis dorthin, wo das Licht am hellsten ist – das Wort Liebe · beinhaltet für mich · Glaube · Demut · Toleranz · Vertrauen · Vergebung · Hingabe · Nächsten- und Eigenliebe ·Harmonie · und Sexualität · dies alles beinhaltet das Wort Liebe – durch die Heilkraft · aktiviere ich meine Selbstheilungskräfte · stärke ich damit mein Immunsystem · die grüne Heilkraft · löst alles auf · ich stelle mir dabei einen Luftballon vor · ich nehme mein Hände zur Hilfe · schließe dabei meine Augen · stelle mir aber dabei vor · dass aus meinen Händen · die grüne Heilkraft fließt · jetzt drücke ich meine Hände zusammen · und der Luftballon wird zerplatzen · genau dasselbe mache ich, wenn in meinem Körper · Tumore, Zysten und dergleichen vorhanden sind · alles auflösen mit der grünen Heilkraft · ich stelle mir das alles bildlich vor · ich glaube ganz fest daran · dass es wirkt – jetzt stelle ich mir vor · dass durch all meine Organe · Knochen · Gelenke · Muskeln · Sehnen · Haut · Wirbelsäule · Gefäße · Nerven · Meridiane · Sinnesorgane · überall hin, die grüne Heilenergie fließt · dass deren Kraft · alles auflösen wird · was meine Gesundheit negativ beeinflusst · alles wird durchströmt von der ganzen Kraft · der grünen, heilsamen Energie · mit diesem Strömen lasse ich alles Verhaftende und Manifestierte los · ich lasse alles aus mir herausfließen · einfach herausfließen lassen · loslassen · fließen lassen – nun stelle ich mir vor, dass sich alles um mich herum, sowie der gesamte Kosmos · in ein strahlendes, warmes Grün hüllt · alles um mich herum, die gesamte Schöpfung, sowie der Kosmos · leuchtet nun in strahlendem, warmen Grün – ich stelle mir nun vor · dass ich mit einem großen Pinsel · ein einziges Wort in die unendlich große Fläche von warmem Grün schreibe · dieses Wort heißt

„Liebe“ · L ·I ·E ·B ·E · Liebe · Liebe steht für · Glaube · Demut · Toleranz · Vertrauen · Vergebung · Hingabe · Nächsten- und Eigenliebe · Harmonie · Sexualität und Heilung – ich schreibe mit großen Buchstaben · in die riesig große, strahlende, warme Fläche · LIEBE – nun lasse ich alles kleiner werden · viel kleiner · ich forme nun die kleiner gewordene, strahlend warme, grüne Fläche · zu einer grünen Kugel um · in ihr steht das Wort Liebe – nun lasse ich die Kugel kleiner werden · immer noch kleiner · etwa so groß wie die Handfläche · diese in warmen Grün strahlende Kugel · die in sich das Wort Liebe und dessen Bedeutung trägt · lasse ich nun über mein Herz schweben · lasse ich nun durch die geöffnete, grüne Blüte · direkt in mein Herzzentrum gleiten · genau in die Mitte meines Herzzentrums · hier lasse ich sie nun für wenige Augenblicke so verweilen · jetzt öffne ich sie · aus ihr heraus gleiten nun viele kleine, ja kleinste Kugeln · Millionen von kleinen, in grün strahlende Kugeln · und alle enthalten die Bedeutung der Liebe – die kleinen Kugeln · deren Inhalt die ganze Kraft der Liebe · die ganze Kraft des Vaters, des Sohnes und der Mutter in sich trägt· die All-Liebe des Vaters durchströmt die Millionen von in warmen Grün strahlenden Kugeln – nun lasse ich sie los · ich lasse sie aus der Mitte des Herzens heraus fließen · überall hin · in jede meiner Zellen · strömen nun die Kugeln der Liebe – Millionen und Abermillionen von mit Liebe angefüllten · kleinen grünen Kugeln · durchfluten · durchströmen nun meinen Körper · meinen Geist · meine Seele – jede einzelne meiner Zellen, und davon gibt es viele Millionen · wird nun von einer in grünem Licht strahlenden Kugel berührt · durchflutet und von der ganzen Kraft der Liebe durchströmt – überall hin fließt Liebe · ich bin nun innerlich · zu einem in grüner Farbe strahlenden, liebevollen Lichtwesen geworden · in diesem Augenblick nehme ich die ganze Liebe der Schöpfung an · die Liebe des Vaters · des Sohnes und der Mutter · ich spüre, dass ich zu einem liebevollen · Lichtwesen geworden bin · ich spüre die ganze Kraft der Liebe in mir – ich liebe mich – ich liebe mich – ich habe die Liebe, die mir gegeben wird, angenommen · damit alles, was die Liebe beinhaltet – ich liebe – ich kann mich jetzt selbst sehen · was ich sehe ist gut · ich sehe mich selbst als ein liebevolles · in hellem Grün strahlendes Lichtwesen – ich habe das Geschenk, das Gott mir gibt, angenommen · ich habe seine All-Liebe angenommen · ich spüre sie in jeder Zelle meines Körpers · überall in mir ist Liebe – durch diese Kraft habe ich alles losgelassen · alles Negative · alles Krankmachende · alles Blokkierende · jede erkrankte Zelle · alles Belastende – ja, ich habe losgelassen – durch die Liebe, die ich angenommen habe · wurden meine Selbstheilungskräfte aktiviert · mein Immunsystem gestärkt · dadurch sind Körper, Geist und Seele wieder in Harmonie · ich bin ein liebevolles Lichtwesen · ich liebe mich – ich erkenne, dass ich so wie ich bin, richtig bin · dafür liebe ich mich · ich liebe mich – nun trage ich · diese in grünem Licht strahlende Liebe · hinaus in meinen zweiten Körper · in meine Aura · in den Schein um mein Sein · in den Astralkörper · in den feinstofflichen Körper · in den bioplasmischen Körper – ich bin dadurch auch äußerlich umgeben von Liebe – ich bin nun äußerlich und innerlich zu einem liebevollen, grün strahlenden Lichtwesen geworden · ich begreife nun die Worte · wie innen so außen und wie oben so unten · du trägst alles, was außen ist, auch in dir · aber alles, was in dir ist, ist auch außerhalb von dir · alles, was oben ist, ist auch unten · und alles, was unten ist, ist auch oben – ich bin durch die Liebe, die mir gegeben wurde · und die ich auch angenommen habe · wieder zu einem liebevollen Menschen geworden · ich bin gesund · glücklich und in Harmonie – ich verstehe nun, dass ich ein Teil des Ganzen bin · dass ich so bin, wie ich bin · genauso ist das richtig und gut · Gott liebt mich · ich bin – ich habe so viel Liebe empfangen · ich bin zum Nehmer geworden· ich habe mein Herz der Liebe geöffnet · in dem Augenblick, wo ich mein Herz der Liebe geöffnet habe · ist alles in mir und um mich herum still geworden · ich habe nichts anderes wahrgenommen, als die Liebe – ich werde geliebt · ich liebe mich – nun bin ich bereit, Liebe zu geben · so werde ich zum Geber und Nehmer, im gleichen Maße · ich liebe dich · wie ich mich auch selbst liebe · ich trete Allem und Jedem mit Liebe entgegen · ich liebe die Menschen · und die gesamte Schöpfung ja, jetzt liebe ich – nun bin ich frei von allem Behindernden · ich bin im Einklang mit der Schöpfung · ich bin – ich lasse die ganze Kraft der Liebe durch mich und um mich fließen · so bin ich zu einem strahlenden, liebevollen Lichtwesen geworden – ich kehre zurück in das Zentrum meines Herzens ich habe erkannt, dass mein Herz nicht nur ein Organ ist · es ist viel, viel mehr · wenn mein Körper ein Tempel ist · so ist mein Herz der Altar darin, von dem aus die ganze Kraft der

Liebe geht · und dies in gleichem Maße · im Nehmen und im Geben · ich liebe mich · ich liebe dich · ich liebe alle · ich liebe Jedes und Alles · ich bin – ich bedanke mich bei dir, Vater · dass du das Tor in mir geöffnet hast · dass Liebe mich durchströmt · dass ich dank der Liebe · wieder heil und gesund geworden bin · dass ich wieder in Harmonie bin · dass ich Mensch geworden bin – DANKE – ich bin bereit für das Leben – ich danke für das Leben – danke – ich bin in Harmonie · alles ist richtig und gut · so wie es ist · ich spüre die Ruhe in mir · die Liebe in mir · alles ist gut, so wie es ist – ich horche in mich und nehme nun wieder alles wahr – meine Organe arbeiten · ganz normal · jedes seiner Funktion entsprechend alles ist richtig und gut · mein Herz und Meine Atmung sind im Einklang · es atmet mich · ich werde geatmet · mein Blutdruck und Kreislauf sind normal · alles ist gut und richtig · all meine Systeme im Körper arbeiten ganz ihrer Funktion entsprechend · alles ist richtig und gut · mir geht es gut · ich werde nun zurückkehren · in das Jetzt · in das Da · ich werde mich ganz wohl fühlen · ich werde in Harmonie sein · alles ist richtig und gut · ich zähle nun rückwärts von fünf bis eins · bei eins werde ich die Augen öffnen · meine Hände zu Fäusten schließen und wieder ruckartig öffnen · und dies dreimal wiederholen · danach werde ich Arme und Hände bewegen · und noch etwa zwanzig Minuten ruhen · ich werde zurück sein · bei eins bin ich zurück · fünf · vier · drei · zwei · eins · jetzt bin ich zurück!

Du wirst Erfolg haben, glaube daran. Ich weiß, dass du es schaffen wirst.

Licht, Liebe und Energie für dich!

# ERFOLGREICH BEHANDELN DURCH DIE HEILSAME MEDITATION UND DURCH DIE SPIRITUELLE ORGANREINIGUNG

Nachfolgend findest du eine Auswahl von Briefen abgedruckt, die zufriedene Hilfesuchende an mich geschrieben haben. Ich will mit der Veröffentlichung keine Beweihräucherung meiner Person vornehmen, sondern Menschen damit zu Wort kommen lassen, denen durch die von mir bei ihnen angewendete Geist-Heilmethode und ihrem starken Glauben daran bereits geholfen wurde. Mithelfen zu dürfen, dass es verzweifelten und Hilfe suchenden Menschen wieder besser geht, ist das Ziel meines Wirkens. Ich möchte noch einmal darauf hinweisen, dass ich niemanden heilen kann, denn nur der Mensch selbst, mit der Hilfe Gottes, kann sich heilen. Meine Methode soll bewirken, dass die Selbstheilungskräfte des Hilfesuchenden aktiviert werden, das Immunsystem gestärkt wird und dass Körper, Geist und Seele wieder in Harmonie sind. Vielen Menschen habe ich schon helfen dürfen und ich weiß, es werden noch viele folgen.

Ich danke Gott für die Gnade, die er mir zu Teil werden lässt.

Um die Personen, die die Briefe an mich geschrieben haben, zu schützen, werden nur die Vornamen und der Anfangsbuchstabe des Familiennamens genannt. Die vollen Namen und Adressen sind mir bekannt.

Auf besonderen Wunsch möchte ich meine Adressen bekannt geben:

Wellness beim Land-Schamanen
Geist-Heiler
Kurt Brückler
A-8942 Wörschach 225
Tel. und FAX 03682/24244
Mobil 0664/4956028

Energie- und Gesundheitsschule
Seminare
Kurt Brückler
A-8942 Wörschach 225
Tel. und FAX 03682/22400 oder 03682/24244
Mobil 0664/4956028

www.land-schamane.com
www.energieschule.com
e.mail: kurt@land-schamane.com

# LICHT UND DUNKELHEIT

(JÄNNER 2000)

Vater!
Der du alles geschaffen hast,
Lasse nicht zu, dass ich herumirre zwischen Licht und Dunkelheit.

Vater!
Ich bitte dich,
schenk mir deine Weisheit,
deine heilende Kraft,
deine ewige Liebe,
damit ich die reine Wahrheit klar erkenne.

Vater!
Ich bitte dich
um deine Führung durch dieses irdische Leben
und lass mich mit deiner Hilfe
die Grenzen zwischen Licht und Dunkelheit klar erkennen.

Vater!
Ich bitte dich
um die Erfüllung meines Wunsches,
dass du mit deiner liebevollen Lichtkraft
mich von Ewigkeit zu Ewigkeit lenkst.
Dann bin ich unendlich reich beschenkt.

Vater!
Ich danke dir,
dass Liebe und Einheit mich erfüllen,
dass aus der Finsternis ich trete ins Licht
und nun grenzenloser Frieden in mir ist.

Vater!
Ich danke dir!

# BRIEFE VON PATIENTEN

Frau Ingrid H.

Sehr geehrter Herr Brückler!

Nach Allerheiligen hat mein rechtes Auge zu rinnen begonnen. Ich dachte mir, „eine Verkühlung", und holte mir in der Apotheke Augentropfen. Aber es wurde nicht besser.

Ich entschloss mich, zum Augenarzt zu gehen. Dr. T. spülte den Tränenkanal und ich bekam wieder Augentropfen. Nach drei Wochen ging ich wieder zur Kontrolle, aber es half nichts. Der Arzt durchspülte wieder den Tränenkanal und sagte, ich hätte einen Knick im Tränenkanal und da gibt es keine Besserung. Eine Operation kann gemacht werden. Aber das Rinnen des Auges geht nicht mehr weg. Ich bekam wieder Tropfen.

Beim Spazieren gehen war ich sehr vorsichtig, damit ich mein Auge nicht noch mehr verkühle, weil es immer rinnt. Dann entschloss ich mich, einen zweiten Arzt zu Rate zu ziehen. Dr. Z. 24.1. erster Termin. Dr. Z. verschrieb mir verschiedene Tropfen, spritzte auch den Tränenkanal durch. Wieder Kontrolle vier Wochen später. Es änderte sich nichts. Mein Auge rinnt und rinnt. Hoffe immer noch auf eine Besserung. Beim nächsten Besuch erhielt ich von Dr. Z. den Befund: ein Knick im Tränenkanal, was eine sehr unangenehme Operation zur Folge hätte. Von dieser Operation riet Dr. Z. aber ab, es sei denn, das Auge würde eine Infektion bekommen.

Weitere Behandlungen beim Hausarzt. Er meinte, es gibt vielleicht eine leichte Besserung im Sommer. Aber das Auge rinnt und rinnt. Für mich furchtbar! Ohne Taschentuch und rotem Auge vergeht kein Tag und keine Nacht. Beim Heimweg vom Arzt fiel mir eine Begebenheit ein, die schon mehrere Jahre zurücklag. Ich hatte einen Schiunfall, bei dem ich eine Snowboardfahrerin gerammt hatte. Ich erlitt dabei eine schwere Kopfverletzung (Bruch des Augenbodens). Die Folgen waren Tag und Nacht schwere Kopfschmerzen. Auch meine Zähne habe ich drei Monate nicht gespürt. Die Schmerzen waren die Hölle, und die Schulmedizin verschrieb mir starke Schmerzmittel. Mein letzter Ausweg war Herr O., ein Geistheiler. Ohne dass ich ihn kennen lernte, hat er mich übers Telefon von meinen Schmerzen befreit. Leider ist Herr O. vor zwei Jahren verstorben. So war ich wieder auf der Suche nach einem Menschen, der mich mit Gottes Hilfe wieder gesund macht.

Eines Tages lese ich das Fernsehprogramm und sehe, dass ein Geistheiler in die Barbara-Karlich-Show geladen ist. Ich setzte mich vor den Fernseher. Und als Herr Kurt Brückler hereinkam, spürte ich und wusste ich, dieser Mann kann mir helfen. Ich gab meine Befunde beim Hausarzt nicht mehr ab, weil ich wusste, Herr Brückler kann und wird mir helfen. Ich ließ Herrn Brückler drei Wochen Zeit nach dem Fernsehauftritt. Am Montag, den 18.3. rief ich Herrn Brückler an, erzählte ihm, dass mein Auge immer rinnt und eine unangenehme Operation damit verbunden ist. Er fragte, ob ich überzeugt bin, dass er mir helfen kann und ich sagte: „Hundertprozentig!"

Wir machten einen Termin für den 8. 4. 2002.

Aber am Samstag, dem 23. 3. in der Früh, als ich das Frühstück richte, merke ich, dass mein Auge nicht mehr rinnt. Ich brauche kein Taschentuch, es tut nicht mehr weh. Ich wusste, Herr Brückler hat mit schon geholfen. Ich ging in den Wald und spürte kein Augenrinnen mehr. Mein Weg führte mich in die Kirche, weil ich wusste, Herr Brückler und der Himmelvater haben mir schon geholfen. Ich bin glücklich. Am Sonntag musste ich zu meinen Kindern und meiner Schwester, zur Schwägerin und zu einer Verwandten, damit sie sehen konnten, dass ich geheilt bin. Sie alle sind sprachlos und jedem läuft es kalt über den Rücken. Sie wussten alle, wie ich gelitten habe.

Montag rief ich Herrn Brückler an und fragte, ob er mir schon geholfen hat. Und er sagt, ja freilich.

Ich bin überglücklich!!!

Eine Woche später fuhr ich mit meinem Mann zu Herrn Brückler, um mich zu bedanken. Herr Brückler hat mir geholfen, und dass er dazu in der Lage ist, habe ich gewusst, als ich ihn das erste Mal im Fernsehen gesehen habe.

Ich danke ihm aus tiefstem Herzen, dass er mir geholfen hat und wünsche ihm, dass er auch an vielen anderen Menschen seine positiven Kräfte verwenden kann.

Ihre dankbare Familie
Ingrid H.

Frau Maria M.

Sehr geehrter Herr Brückler!

Wir möchten Ihnen über die Therapie vom Maria M. berichten.

Wir, die beiden Töchter und unsere Mutter waren sehr froh, dass Sie mit der Therapie so rasch begonnen haben. Vor der ersten Therapie, die an einem Freitag begonnen hat, waren wir sehr nervös. Um 19:30 haben wir schon für Ruhe gesorgt, damit Mutti sich sehr gut einstellen kann. Währen der Therapie am Anfang war Mutti allein im Zimmer. Bei den späteren Therapien waren wir auch im Zimmer. Die beiden Hunde waren während der Therapie immer an der Seite von Mutti. Sie waren sehr brav, wie wenn sie gespürt hätten, dass Mutti geholfen wird. Sie sind nämlich sonst auch die meiste Zeit an der Seite von Mutti. Um 20 Uhr war es dann so weit, es war ihr dabei sehr warm und sie hatte ein unbeschreibliches Gefühl. Sie glaubte fest an Heilung.

Am nächsten Tag haben wir bemerkt, dass der Tumor Flüssigkeit (Blut und eine gelbbraune, zähe Flüssigkeit) absondert. Die weiteren Therapien verliefen meistens gleich, nur an manchen Tagen konnte sie sich nicht so konzentrieren, durch Müdigkeit oder andere Einflüsse (Anstrengungen am Tag durch Besuch). Der Tumor, welcher nach außen gewachsen ist, hat sich wesentlich verkleinert.

Wir waren sehr froh, dass sie bereit waren, nach den ersten neun Therapien noch weitere neun Therapien anzuhängen. Das Fieber ist auch weg und Schmerzen hat sie kaum, sie macht schon Fortschritte.

Heute, Sonntag, ist sie das erste Mal kurz am Heintrainer gesessen und hat natürlich auch ein bisschen getreten, später hat sie dann einen Spaziergang gemacht und wir haben dann noch einen kleinen Ausflug mit dem Auto gemacht. Sie war danach gar nicht so müde. Mit dem Essen hoffen wir natürlich auch, dass es besser wird, sie hat schon zwei bis drei Kilo zugenommen.

Mutti plant schon wieder, welche Arbeiten sie machen wird können. Wir haben schon einen Rasenmäher mit Radantrieb gekauft, weil sie den Rasen dann mähen will.

Wir möchten uns für Ihre Hilfe bedanken und hoffen, falls wir wieder ein Anliegen haben, dass Sie uns wieder helfen können.

Herzliche Grüße von Maria, Katarina, Monika M.

Frau Theresia L.

Sehr geehrter Herr Brückler!

Ich möchte Ihnen mit ein paar Zeilen meine Eindrücke IhrerFerntherapie mitteilen. An einem Donnerstag im März erwachte ich schon sehr früh, meine ersten Gedanken sind in einer eigenen Art an ihnen. Sie hatten mir zu Beginn einen Stein gegeben, den ich in der letzten Zeit öfter in meinen Händen halte. Man spürte in einer gewissen Weise ein Art Wärme.

An den ersten Abenden setzte ich mich auf einen Stuhl, meine Hände lagen dabei auf meinen Oberschenkeln, und meine Augen verschlossen sich. Durch diese Übung verspürte ich eine langsame Händebewegung nach oben. Eine eigene bis jetzt mir unbekannte Kraft bzw. Energie verspürte ich dabei. In meinen Ohren hörte ich im Hintergrund ein leises Trommeln, dabei wurden meine Füße kälter. Diese Übungen wiederholte ich einige Male.

Nach einem Telefonat mit Ihnen änderte ich meine Übung. Ich legte eine Hand unter meinen Nabel und eine oberhalb, dabei verschloss ich ebenfalls meine Augen. Unter meinen Händen wird eine einzigartige Wärme abgestrahlt und gleichzeitig spürte ich in meinem Gesicht, als würde eine Nadel über meine Stirn, Nase und Mund gleiten. Dieser Vorgang wiederholte sich bei jeder Übung dreimal. Durch diesen Vorgang wurden meine Augen feucht. Diese Übungen führte ich ebenfalls einige Male durch.

Die nächsten Abende wiederholte ich zwar die Haltung meiner Hände, jedoch verspürte ich an meiner rechten Nasenseite einen Punkt, welcher zu stechen und zu schmerzen anfing. Dieser Schmerz wiederholte sich ebenfalls dreimal. Meine Hände zieht es nach oben, dazu kommen noch Schweißausbrüche und mein Mund wird trocken. In meinem Körper ging eine Art Entschlackung vor sich. Danach fühlte ich mich besser und schlief jedes Mal sehr gut ein.

Meine Gedanken haben sich in einer Art und Weise zu manchen Dingen sehr stark verändert. Ich konnte wirklich etwas ganz besonderes an meinem Körper und Geist verspüren, dass mir bis jetzt unbekannt war, eine Art von Energie und Kraftschenkung, die mir den Alltag leichter erleben ließen. Durch diese Übungen konnten meine gesundheitlichen Probleme stark verringert werden, zur Bestätigung meiner Aussage habe ich Ihnen meinen Blutbefund beigelegt.

Mit bestem Dank und lieben Grüßen

Theresia L.

Herr Karl W.

Hr. Kurt Brückler!

Am Pfingstsonntag sah ich während der Therapie, bei geschlossenen Augen, ein Schattenbild in Form eines Kopfes vor mir. Das Bild verschwand und tauchte nochmals auf.

Am Mittwoch, dem 29. Mai, lag ich wieder entspannt im Bett, Augen zu, plötzlich sah ich meinen Rücken vor mir. Im Bereich der rechten Schulterseite war alles transparent. Eine zarte Hand schob sich in meinen Rücken hinein und legte sich über einen zirka sechs Zentimeter großen Tumor, der sich in zirka sieben bis acht Zentimeter Tiefe in der Lunge befand. Diese Vision dauerte zirka fünf bis sieben Sekunden. Bevor dies geschah, hörte ich eine Stimme, die mir etwas ins rechte Ohr flüsterte, konnte aber kein Wort verstehen.

Ich hatte noch nie in meinem ganzen Leben eine derartige Vision. Im übrigen habe ich nach jeder Therapie Hustenanfälle mit nachfolgendem blutigen Schleim.

Mit freundlichen Grüßen

Karl W.

Frau Gerda B., erster Brief

Hallo Kurt!

Das ist meine Krankengeschichte.

Am 11. März 2001 Diagnose Brustkrebs, am 15. März wurde ich auf der linken Seite brusterhaltend operiert. Es wurden zusätzlich noch 19 Lymphknoten entfernt. Alle Lymphe waren frei und der Brusttumor war in Kalk eingekapselt. Ich hatte großes Glück laut Arzt. Ich bin gesund, aber zusätzlich als Vorsorge machte ich vier Chemoeinheiten und 33 Strahlentherapien.

Dann begannen im September die Nachuntersuchungen, die alle drei Monate waren. Im Februar 2002 stieg plötzlich mein Tumormarker, ich musste ins Krankenhaus zu den Untersuchungen, warum die Marker gestiegen sind. Dann die niederschmetternde Diagnose: ich habe Metastasen in der Lunge. Mein Arzt hat gesagt: „unheilbar." Ich ging von dem Krankenhaus weg und kam ins AKH Wien und hatte einen Termin bei Kurt Brückler.

Kurt hat mich positiv aufgebaut und arbeitet seit dem mit mir. Ich bekomme auch eine Chemo.

Die erste Nachuntersuchung hat ergeben, dass keine Metastasen dazugekommen sind, ich bin stabil.

Ich hoffe, ich werde wieder gesund!

Gerda B.

PS: Danke, dass du mit mir arbeitest.

Frau Gerda B., zweiter Brief

Hallo Kurt!

Es geht mir vor der Chemo sehr gut, ich freue mich über die Natur, wenn ich spazieren gehe. Und ich bin sehr zuversichtlich, dass ich wieder gesund werde, denke nur wenig an meine Krankheit. Nach der Chemo habe ich fast immer zwei schlechte Tage, da geht es mir recht schlecht, dann kann ich es kaum erwarten, dass wir zwei miteinander arbeiten. Denn nach jeder Sitzung mit Dir geht es mir wieder viel besser. Ich hoffe, dass du mich wieder ganz gesund machst. Am Montag, dem 27.5.02 habe ich meine erste Nachuntersuchung, ich werde dich dann anrufen.

Ich gehe oft in die Kirch und bete für Dich, dass Du noch lange die Kraft hast, Menschen zu helfen, und Danke Gott, dass ich Dich kennen lernen durfte.

Gerda B.

Frau Hermine B.

Sehr geehrter Herr Brückler!

Als erstes möchte ich mich nochmals bedanken, dass ich zu Ihnen kommen durfte und dass Sie mich behandeln. Ich verdanke der Gnade Gottes und der Mutter Gottes, welche mich zu Ihnen kommen ließen – Ihnen – denn Sie wurden von Gott auserwählt zu helfen – wahrscheinlich mein Leben. Durch Ihre Hilfe, welche Gott Ihnen verleiht, normalisiert sich mein Darm schön langsam. Als ich am Samstag, dem 8. Mai, das erste Mal zu Ihnen kommen durfte, hatte ich drei Wochen fast keinen Stuhl, nur mit Rizinusöl (schulmedizinische Mitteln versagten), welches endlich Durchfall, alles rausriss, dann wieder nur wie ein Kätzchen oder Vogel, starke Darmblutungen mit Eiter oder Schleim oder ich weiß nicht was für ein Gemisch, laufend, man kann das nicht beschreiben. Wieder Stuhl zu haben, es ist oft noch Eiter und Blutgemisch im Stuhl, und verschieden, aber es ist bereits wie ein Wunder, dass ich durch Ihre Hilfe, sehr geehrter Herr Brückler, solche Gnade erfahren durfte. Ich weiß, ich habe noch einen weiten Weg, da ich ja noch andere Krankheiten habe, aber ich bete und hoffe auf Ihre und Gottes Hilfe – Gnade, wieder völlig gesund werden zu dürfen. Ich bitte Sie, sehr geehrter Herr Brückler, mir auch weiterhin zu helfen und mich zu behandeln, damit ich wieder ganz gesund werden darf.

Wenn man selbst noch nicht in solcher Lage war, man kann sich so etwas nicht vorstellen, was es heißt, keine Stuhlgang zu haben, Tag und Nacht das Bedürfnis zu haben, man muss aufs WC, aber es geht nicht. Der Bauch, die Schmerzen. Man glaubt, alles zerreißt es.

Etwas ist noch anders, bekomme meistens Bauchschmerzen vor dem Stuhlgang, Stuhlumfang ist auch anders als früher (dünn). Ist der Darm jetzt anders?

22. Juni 2002. Nun ist wieder etwas Zeit vergangen. Und mein Bäuchlein ist noch braver geworden bezüglich Stuhlgang. Diese Blut-Eiter-Mischung ist jetzt seltener, etwas Bauchschmerzen vorher und nachher, aber ich kann wieder aufs WC gehen. Irgendwie anders, aber es ist ein Wunder, das ich Ihnen, sehr geehrter Herr Brückler, verdanke. Ihnen und der Gnade Gottes verdanke ich mein Leben.

Wenn ich an das Blut denke, das sogar vom Darm raustropfte, dieses viele Blut-Eiter-Gemisch. Ich danke Ihnen und Gott und der Mutter Gottes von ganzem Herzen für die Hilfe und Rettung. Danke, danke, tausend Dank!

Und bitte helfen Sie mir auch weiterhin, damit ich wieder völlig gesund werden darf.

Ihre Dank schuldige

Hermine B.

Frau Maria-Theresia P.

Sehr geehrter Herr Brückler!

Was es Zufall? Eher Gottes Führung!

Jedenfalls lief in der Nacht vom 28. Februar zum 1. März noch der Fernseher, als die Wiederholung der Barbara-Karlich-Show anfing. Das Thema: „Ein Wunder, du hast mich geheilt" interessierte mich und so blieb ich noch auf, um mir diese Sendung anzusehen.

Mir ging es den letzten Winter sehr schlecht. Habe seit Herbst 1983 einen Knoten in der linken Brust, den mir der Hausarzt Ende März 1998 mit Gewalt aufgedrückt hat, seit Anfang 1999 nach außen aufgegangen ist und seither die Geschwüre immer mehr und die Fläche immer größer wurde. Noch dazu war ich stark verkühlt und hatte keinen Appetit.

Über den Bericht von der geheilten Frau und Ihrer Beschreibung war ich skeptisch. Als Frau Karlich Sie ersuchte, über das Fernsehen allgemein etwas zu machen, dachte ich, wie soll das jemanden helfen, der am Fernseher sitzt und dazu noch als Wiederholung. Dann dachte ich mir, hilft es nicht, so schadet es nicht, und machte die Übung mit.

Als Sie, Herr Brückler, dann sagten, Sie machen von rückwärts das Herz auf, spürte ich wirklich die Öffnung und die Wärme, die in mein Herz und meinen Körper kam. Die Wärme ging in meine Brust und wurde zu Hitze. Ich fühlte mich so gut wie schon lange nicht.

Als ich mich umzog, war auf der Brust ein älteres und ein frisches Geschwür zur Hälfte geschrumpft, das frische hatte blauschwarze Flecken. Seit dieser Nacht fühlte ich mich körperlich besser, habe seither wieder mehr Mut und Selbstvertrauen, und auch der Appetit kam langsam zurück. Die Wärme im Körper hat ein paar Wochen angehalten.

Seither setze ich die ganze Hoffnung auf Sie.

Herzliche Grüße und vielen Dank.

Maria-Theresia P.

Frau Herma W.

Sehr geehrter Herr Brückler!

Als ich vor etlichen Wochen zufällig in der Barbara-Karlich-Show von Ihren „Wunderheilungen“ erfuhr, entschloss ich mich spontan, Ihre Hilfe in Anspruch zu nehmen. Ich war von Ärzten fast abgeschrieben.

Nach neun Sitzungen geht es mir schon viel besser und es wird noch besser werden. Ich glaube, mein „Lungenemphysem“ gehört bald der Vergangenheit an.

Jedenfalls danke ich Ihnen aus ganzem Herzen und werde Sie weiterempfehlen und verbleibe

Herma W.

# GEDANKEN ZUR GEFÜHRTEN MEDITATION „DIE REISE NACH TIBET“

Bevor ich mit Freunden diese Meditation durchführte, wurde sie von mir sehr oft erprobt. So hatte ich dabei wunderschöne, aber auch traurige Erlebnisse oder ähnlich, wie sie mir meine Schüler beschreiben.

Diese Meditation hilft uns dabei, die Vorstellungskräfte zu aktivieren, Visionen und Träume zuzulassen, in sich zu „horchen“ und die inneren Bilder wahrzunehmen. Ich bin davon überzeugt, dass Menschen, die keine Träume, Visionen oder Ziele haben, sehr sehr arm sind. Es ist richtig und gut, des öfteren auf eine Meditationsreise zu gehen, um in dieser Reise Antworten auf viele offene Fragen zu erhalten, du uns im täglichen Leben blockieren und nicht zulassen, dass wir in Harmonie sind. Außerdem sind solche Reisen sehr erholsam. Du wirst dich jetzt fragen, warum erholsam? Ich will es dir aus meiner Sicht erklären. Du, ich, wir alle leben in einer schnelllebigen Zeit. Wir stehen pausenlos unter Leistungsdruck. Dazu kommen noch die Umweltbelastungen. Alles muss schnell erledigt und perfekt sein. Wir haben keine Zeit, um die schönen Dinge des Lebens und die der Natur wahrzunehmen und sie für uns nützlich zu machen. Bei einer Meditationsreise haben wir alle die Möglichkeit, in eine intakte Welt einzutauchen und in ihr Ruhe, Entspannung, Glaube, Licht, Liebe, Energie, Harmonie, Heilkraft, Farben, Lachen, Weinen usw. wieder zu finden. Desto öfter du geführte Reisen unternimmst, um so schneller werden die vorhin genannten positiven Aspekte bei dir eintreten.

Diese meditative Reise wird auf Wunsch meiner Seminar- und Meditationsteilnehmer in diesem Buch veröffentlicht.

Beachte bitte in der Meditation die Punkt- und Stricherklärungen. Es gilt dasselbe wie bei der „Heilsamen Meditation“.

Ich wünsche dir bei der „Meditationsreise nach Tibet“ viel Erfolg. Meditieren und meditatives Reisen verlang von dir viel Geduld und Demut, sowie den Glauben daran, dass es funktioniert. Du wirst erfolgreich sein, wenn du dir deine Ziele nicht zu hoch steckst. Gib nicht auf, wenn dir nicht gleich bei den ersten zwei, drei Reisen dasselbe oder Ähnliches wiederfährt wie meinen Meditationsfreunden. Jeder von uns ist anders und dennoch sind wir alle gleich. Es ist nicht wichtig, wenn ich die Farbe Rot sehe, dass du sie auch siehst – wichtig ist ausschließlich, welche Farbe du siehst.

Mache deine Erfahrungen und du wirst mir irgendwann recht geben, dass es wunderschön ist, meditativ zu reisen.

# DIE MEDITATIVE REISE NACH TIBET

Ich schaukle auf dem Katamaran „Pausanias" aus dem Hafen von Porec und habe mir damit einen Jugendtraum erfüllt, einmal einen Segeltörn mitzumachen. Bei herrlichem Wetter, ruhiger See und dem Rauschen der Wellen wurde ich dazu inspiriert, die Reise nach Tibet niederzuschreiben.

Ich lege oder setze mich ruhig und entspannt hin · schließe meine Augen lege meine linke Hand etwas oberhalb und die rechte etwas unterhalb des Nabels auf meinen Bauch · ich feuchte meine Lippen an · atme tief und gleichmäßig – ich bin entspannt · ruhig · locker und gelöst · einfach fallen lassen · ganz entspannt sein – alles um mich herum · ist ruhig · ganz, ganz ruhig – alles Äußerliche · ist nicht mehr wichtig – alles ist gut und richtig, so wie es ist – wie am Anfang jeder meditativen Reise · möchte ich mich zu dir bekennen · zu dir, dem Schöpfer · ich bitte dich · begleite du mich durch diese Meditation · mach mich bitte zu deinem Kanal · zu deinem – Diener · zu deinem Werkzeug hier auf Erden · lass bitte deine Energie · in Form von Licht, Liebe und Heilkraft durch mich fließen · für mich selbst · und lass mich diese Energie bitte weitergeben · an alle Mitmenschen · an alle Tiere · an die Natur · an die Mutter Erde · lass uns alle und alles · zu einer Einheit werden – ich mache mich innerlich - zu einem leeren Gefäß – und lass somit all meine negativen Eigenschaften · im Inneren und im Äußeren los – damit schaffe ich Ruhe und Leere in mir-so werde ich zu einem leeren Gefäß – nun richte ich mein Bewusstsein in meinen Körper, zu meinen Organen – mein Herz schlägt ruhig und kräftig· die Atmung ist tief und gleichmäßig · ich werde geatmet · es atmet mich · Herz und Atmung sind im Einklang · all meine Organe arbeiten ganz normal und ihrer Funktion entsprechend · alles ist richtig und gut, so wie es ist – so atme ich ruhig und entspannt· ich atme ein · ich atme aus · mit jedem Ein- und Ausatmen gehe ich tiefer in mich selbst – aus meinem Sonnengeflecht fließt wärme · die Wärme fließt in jeden Winkel meines Körpers – durch die Wärme entspanne ich mich · alles wird wohlig warm und entspannt. die Wärme führt zur Entspannung · Entspannung führt zur Ruhe – aus meinem Hara fließt Energie · Lebensfreude, Lebensbejahung und Lebenslust · alles ist richtig und gut – ich atme ein · und wieder aus · mit jedem Atemzug führe ich meiner Körperlichkeit Energie zu – mit dem Ausatmen gebe ich die verbrauchte Energie an den Kosmos zurück – ich atme ein · ich atme aus – mit jedem Atemzug gehe ich tiefer in mich selbst – ich atme ein · ich atme aus · mein Kopf bleibt kühl und entspannt · einen kühlen Kopf bewahren · dies heißt für mich · mit beiden Beinen fest im Leben stehen · verwurzelt sein mit der Mutter · mit beiden Beinen fest im Leben stehen ·nicht abheben · sondern leben – ich atme ein · ich atme aus · und mit jedem Atemzug gehe ich tiefer in mich selbst · ich atme ein · ich atme aus – sich einfach fallen lassen · loslassen · frei sein · entspannt sein · ruhig sein · fallen lassen · treiben lassen – ich habe mich nun innerlich zu einem leeren Gefäß gemacht · ich habe angenommen, ich habe losgelassen · ich bin nun ein leeres Gefäß – ich richte nun mein Bewusstsein hin zum Kronenzentrum – dieses befindet sich an der höchsten Stelle am Kopf · ich öffne dieses Zentrum · jetzt ganz bewusst · in Form einer Blume – ich stelle mir jetzt vor, wie aus dem Kronenzentrum heraus · eine kleine Lotusknospe wächst · die Knospe öffnet sich ganz langsam · ganz langsam · und Blatt für Blatt · die Knospe wird jetzt zu einer prachtvollen Lotusblüte · sie hat sich ganz dem Kosmos geöffnet – ich bitte dich, Vater, um deine Energie · um dein Licht · um deine Liebe · um deine Heilkraft · um diene All-Liebe · lass bitte dies alles in Form von weißem Licht · durch die geöffnete Lotusblüte in mein Kronenzentrum fließen · und von diesem aus durch meinen ganzen Körper · durch meinen Geist und durch meine Seele – das Licht fließt nun in jede Zelle meines Körpers · in meine Seele · in meinen Geist · ich werde so durchströmt und durchflutet von der All-Liebe des Schöpfers – ich bin nun innerlich und körperlich · zu einem strahlenden, liebevollen Lichtwesen geworden· ich lasse nun das weiße Licht hinaus · ströme in mein zweites Ich · in meine Aura – in den Schein um das Sein · in den astralen Körper · in meinen feinstofflichen Körper · ich bin nun auch in meinem zweiten Ich zu einem leuchtenden, strahlenden Lichtwesen geworden · innerlich wie äußerlich · bin ich jetzt ein leuchtendes, liebevolles Wesen – ich richte nun mein Bewusstsein in das nächste Energiezentrum, in das dritte Auge – ich öffne dieses Zentrum bewusst, in dem ich meinen Blick nach innen hin zur Nasenwurzel richte · jetzt stelle ich mir vor, wie aus diesem Energiezentrum heraus · eine lila-violette Blumenknospe wächst · die sich nun langsam zu einer lila-violetten Blüte entfaltet · durch diese prachtvolle Blüte · werde ich nun mit meinem inneren Auge blicken · so nehme ich die feinstofflichen Energien wahr · die Auren · die Lichtwesen · die Engel · die Naturwesen – ich gebe mich ganz · den kosmischen Farben hin · und gleite immer tiefer in mich selbst – durch den lila-violetten Lichtstrahl · der aus dem dritten Auge kommt · klinke ich mich in das kosmische Kraftfeld ein – ich werde schwerelos – ich treibe wie auf einer Wolke – ich verlasse meine Körperlichkeit · meine Seele bleibt verbunden durch die Astralschnur mit meinem Körper – ich beginne zu schweben – in dieses Schweben hinein · visualisiere ich jetzt meine Verwandlung – ich verwandle mich zu einem Adler – ich spüre, wie meine Füße zu deinen Krallen werden · ich spüre, wie mein Körper zu deinem Körper wird · ich spüre dein Gefieder auf meiner Haut · ich nehme wahr, wie meine Arme und Hände zu deinen Schwingen werden · wie mein Mund und meine Nase· zu deinem Schnabel werden · und wir beide sehen nun aus den selben Augen · du bist zum ich geworden und ich zum Du · nun sind wir beide das fünfte Element · so hebe ich nun ab · bewege meine großen Flügel · und beginne zu fliegen – zu fliegen – ich fliege heraus aus der alltäglichen Welt · in eine alte, längst vergangene Zeit – ich fliege Tibet entgegen – ich überfliege die Brücke · die mich bringt von dieser Welt · in eine andere · vergangene Welt – so schwebe ich · lasse mich einfach schwerelos treiben – ich überfliege das Meer der Gefühle · das sich heute in seinen schönsten Farben · für mich zeigt · von seinem hellen Blau bis hin zum grünlichen Türkis · oh, wie ist das beruhigend · über dem Meer der Gefühle zu schweben – nun durchfliege ich eine Wolkendecke · ich spüre dabei, wie sich kleine Wasserperlen aus ihr lösen · und damit mein Gefieder mit fruchtbarer Feuchtigkeit benetzen – jetzt überfliege ich die goldene Stadt · die ich aus Erzählungen kenne · ich sehe die Türme in der Sonne · in gleißendem Gold erstrahlen – ich spüre, dass ich auf dem Weg in meine Heimat bin – so überfliege ich · Täler, Berge und Seen · Städte, Dörfer und viele Länder – ich fliege meiner Heimat entgegen – ich überfliege Meere und Wüsten · ich fliege meinem Tibet entgegen · der Heimat entgegen – ich überfliege Indien – immer näher komme ich Tibet · immer näher – nun kann ich sie sehen · die hohen, schneebedeckten Berge · ich bewege meine Flügel schneller – die Berge mit ihren strahlenden, weißen Kronen · kommen mir immer näher · auch mein Herzschlag wird jetzt etwas schneller · wie freue ich mich · dich wieder zu sehen · meine Heimat aus längst vergangenen Leben · mein Tibet – in wenigen Augenblicken sehe ich dich wieder – nun fliege ich über ein Tal · bei dessen Anblick · Wiedersehensfreude mich durchströmt – wie silberne Fäden durchziehen Bäche den grünen, fruchtbaren Talboden · steile Hänge und schneebedeckte Berge schließen es ein · über das Tal wölbt sich der dunkelblaue Himmel – ich bin wieder zu Hause – ich schließe meine Augen – lasse mich von der Thermik tragen – ich bin zu Hause · ich rieche die Düfte · sie sind von verschiedenster Art · ich nehme sie jetzt im einzelnen wahr · herbe, erfrischende · süßlich berauschende Düfte · ich genieße · und lasse mich so durch das Meer von Düften tragen – wie berauscht schwebe ich durch die Lüfte – ich öffne meine Augen · und nehme nun die Vielfalt der Farben wahr · das strahlende Weiß der schneebedeckten Bergspitzen · das tiefe Blau des Himmels · das leuchtende Grün am Talboden · das warme Braun der Mutter Erde · das Grau von Felsen und Steinen · das Gelborange der am Himmel stehenden Sonne · die Sträucher und Blumen mit ihren Früchten und Blüten · die mir die Farben rot · orange · gelb · grün · blau · violett · und weiß vermitteln · noch nie vorher habe ich diese Farbenpracht · so wahrgenommen wie jetzt – ich schwebe durch das Meer der Farben · nehme jede einzelne Farbe · bewusst durch die Schwingungen wahr – jetzt lasse ich mich von Gerüchen und Farben über Tibet tragen – ich überfliege eine steile Wiese · in der ein kleiner tibetanischer Junge · inmitten von gelben Blumen sitzt · er blickt zu mir herauf · er winkt mir zu · und dabei sehe ich mein Spiegelbild in seinen strahlenden Augen – so ziehe ich mehrmals Kreise über ihn · um ihn so auf meine Art zu begrüßen – weiter geht mein Flug – nun sehe ich das Dorf, an einem steilen Hügel errichtet · Häuser aus Steinen, dazwischen bewegen sich etliche Menschen· und wieder schließe ich die Augen · um so besser all die Geräusche · die da unten mir entstehen, wahrzunehmen – ich höre die Stimmen der Menschen · die Laute der Tiere · Geräusche, die aus der Arbeit entstehen · das Summen von Insekten · den Schrei des Adlers · das Lachen der Menschen – so werde ich · durch ein Meer von Geräuschen aus der Natur, den Tieren und der Menschen getragen – alles nehme ich tief in mich auf · die Düfte, die Farben · die Geräusche · alles ist jetzt in mir – ganz tief – und für ewig in mir – die Menschen, die ich von hier oben aus sehe · sie tragen die für Tibet typische Kleidung – sind geschmückt mir großen, türkisen Ketten · die um ihren Hals liegen · ihre dunklen, vom Wetter gegerbten Gesichter lächeln · es sind fröhliche, freundliche Menschen · sie sind bescheiden, in ihrer Art zu leben · sie strahlen innere ruhe · Zufriedenheit und Harmonie aus · sie sind tief im Glauben verwurzelt · sie integrieren den Glauben in das Leben · so wie das Leben in den Glauben · diese Menschen leben mit der Natur · sie haben schon vor Jahrhunderten erkannt, dass sie ein Teil vom Ganzen sind – sie sehen in Buddha den Weg – diese Menschen schauen nun zu mir herauf · sie winken mir zu · sie freuen sich, mich zu sehen · von hier oben aus sehe ich auf den Dächern ihrer Häuser · die Gebetsfahnen wehen · auf denen die Worte „o mani pat me hom" stehen · der Wind wird diese Worte in den Himmel tragen – ja, sie sind tiefgläubig, diese Menschen hier in Tibet – ich ziehe ein paar Kreise über das Dorf · lasse mich zu den steilen Hängen der Berge hintreiben · dabei blicke ich nach unten · erkenne eine Weg, der von dem Dorf hinaus geht · einen steilen Hang hoch führt · den Weg entlang · sehe ich des öfteren einige Steinpyramiden stehen · auf einigen großen Steinplatten stehen die Worte „ o mani pat me hom" – ebenso auch auf den Gebetsfahnen, die in diese Steinpyramiden gesteckt wurden · sie knattern im Wind und verstärken so das Gebet – plötzlich sehe ich es wieder · am Ende des Weges · eng an den Felsen liegend · das Kloster, zu dem meine Reise mich führt · ich bin am Ziel – die steinernen, übereinander liegenden Bauten · wie Schachteln, die man versetzt übereinander legt – ich lasse mich langsam nach unten gleiten – mit ausgebreiteten Flügeln · gleite ich, in Kreisen schwebend, nach unten · tiefer gehe ich · immer noch tiefer · immer noch tiefer – nun berühren meine harten Krallen den Boden im Hofe des Klosters – ich lege meine Schwingen an · gehe ganz in mich · so verwandelt sich der Adler in einen tibetanischen Mönch – ich fühle mich in einer neuen, doch irgendwie bekannten Körperlichkeit – ich bin nun in eine meiner alten Körperlichkeiten geschlüpft · aber dennoch bin ich jetzt im Ich – ich bin nun ein junger Mönch · in oranges Tuch gehüllt – mein Kopf ist kahl geschoren · ich lasse meinen Blick nun durch den Hof schweifen · mein Blick bleibt an einem großen, hölzernen, schweren Tor hängen · täusche ich mich, oder nehme ich tiefe, singende Töne wahr · höre ich da nicht Trommeln – nein, ich täusche mich nicht · dieses Tor führt mich in den Tempel · aus dem das monotone Singsang · und die Trommeln erklingen · ich gehe auf dieses Tor zu · das sich nun wie von selbst öffnet · durchschreite es · und befinde mich jetzt im Tempel selbst · ich spüre die Anwesenheit von Menschen · auf beiden Seiten, links und rechts · sitzen Mönche, aber ohne Gesicht · mit einer Hand drehen sie ihre Gebetsmühlen · die andere haben sie senkrecht haltend vor dem Herzen auf die Brust gelegt · gesichterlose Mönche · ich verstehe dies noch nicht – mein Blick richtet sich nach vorne · wo auf einem hölzernen Altar · ein überdimensionaler, lächelnder Buddha steht · rechts und links von ihm · befinden sich mehrere große Gebetsmühlen · ich spüre, wie eine innere Stimme zu mir sagt · knie dich nieder und verneige dich tief · dies tust du nicht aus Ehrfurcht zu Buddha · sondern aus Demut vor dir selbst · ich wiederhole dieses Demutsritual 21 mal vor mir selbst · ich nehme dabei wahr · wie sich die Blockaden in mir lösen · wie Energie mich durchströmt – ich setze mich kniend mit meinem Gesäß auf die Fersen · gebe meine Hände schalenförmig ineinander · wobei beide Daumen sich an ihren Kuppen berühren · diese halte ich nun vor mein Hara hin · ich erhebe nun meinen Block und sehe Buddha an · und wieder höre ich in mir folgendes sagen · sammle all deine Energie in deinem Hara-Zentrum · stelle dir dabei vor · dass diese Energie eine warm leuchtende, orange Farbe hat · nun stelle dir auch vor · dass diese kosmische Energie · durch deine schalenartig geformten Hände in dein Hara-Zentrum fließt · auch diese Energie stelle dir in einem leuchtenden, warmen, orangen Farbton vor · lasse nun die beiden, in diesem Zentrum gesammelten Energien, zu einer werden · diese Energie trägt die Kraft der Lebensfreude · der Lebenslust · der Lebensbejahung · die Heilkraft · die Liebe · das Lächeln Buddhas in sich · öffne nun ganz bewusst dieses Zentrum und lasse aus ihm heraus · die orange Energie · bis in jeden Winkel deines Körpers fließen · Lebensfreude · Liebe · Heilkraft und Lächeln durchströmen · durchfluten nun deinen Körper · und während du so zu einem leuchtend orange strahlenden Wesen wirst · wirst du anzunehmen lernen · anzunehmen aus deinem tiefsten Inneren heraus · du wirst dabei ganz ehrlich zu dir selbst sein · du wirst all deine negativen Eigenschaften erkennen und sie als deine annehmen · du wirst allen und jedem, was auch immer es sein mag, vergeben · hast du dies getan · so wirf alles in ein großes, weißes Tuch · schnüre es zu einem Bündel · zünde es an und lass es verbrennen · Feuer ist das Element der Reinigung · wenn Feuer brennt, entsteht Rauch · sehe dem Rauch nach, wie er zum Himmel steigt, um sich dann aufzulösen · gib dem Rauch all deine negativen Eigenschaften mit und du kannst sehen, wie sie sich auflösen · somit hast du losgelassen – sei nun ganz ruhig · Frieden wird dich durchfluten · höre nun ganz in dich selbst · vieles wird dir nun gesagt oder gezeigt · fürchte dich vor nichts, denn du bist behütet · nimm alles in dich auf, denn es wird dir in diesem Leben helfen · ich lasse dich jetzt allein · die Stimme in mir ist verstummt – ich bin ganz ruhig · was auch kommen mag, ich bin bereit …

Ein jeder von den Meditierenden wird nun ein anderes Erlebnis haben. Die Zeit, die ein jeder von uns dafür benötigt, spielt keine Rolle, denn was ist schon Zeit gegen die Ewigkeit.

Danke für die Information, die ich erhalten habe · ich weiß, sie werden mir auf meinem Weg ins Licht behilflich sein – DANKE – noch einmal durchströmt mich die ganze Kraft der orangen Energie · während ich meinen Kopf aufrichte · blicke ich in das Gesicht Buddhas · ja, ich nehme das Lächeln, das um seine Lippen spielt, wahr · ja, ich sehe die Güte, die aus seinen Augen strahlt · danke · ich habe vieles gelernt und verstanden · danke · ich erhebe und verneige mich · aus Demut, Achtung und Liebe vor mir selbst · und Buddha lächelt · ich drehe mich um und sehe die Mönche rechts und links an den Wänden · doch alle haben sie jetzt Gesichter · ja, dich und dich erkenne ich nun wieder · es sind Freunde und Bekannte, aber auch Feinde von damals und heute · jetzt liegt nichts Trennendes mehr zwischen uns · kein Hass · kein Neid · keine Angst · keine Wut · kein verletztes Ego · nun ist alles wieder gut · ich gehe auf jeden der Mönche zu · sehe in sein freundliches, lächelndes Gesicht · ich sehe in ihre Augen und darin sehe ich mich nun auch selbst · wir umarmen uns · halten uns für wenige Augenblicke ganz fest · ich nehme die Güte, die Wärme jedes einzelnen wahr · ich möchte, dass diese Umarmungen niemals enden – ich spüre jetzt ganz deutlich, ich bin einer von ihnen · ein winziger Teil vom Ganzen · ich bin an dem Tor wieder angelang, das aus dem Tempel führt · noch einmal drehe ich mich um · ich sehe Buddha · ich sehe die Mönche · in ihren Blicken liegen ein paar Worte für mich · komm gut nach Hause · besuche uns, so oft du willst · es ist schön, dass es dich gibt · danke · ich gehe durch das Tor in den Hof des Tempels · höre die Trommeln und das monotone Singsang „o mani pat me hom" · so stehe ich jetzt mitten im Hofplatz des Klosters · nun breite ich meine Arme aus · und verwandle mich wieder · vom Mönch werde ich wieder zum Adler · ich bewege meine Schwingen · und in Kreisen steige ich höher und höher · nun beginne ich zu schweben · ich höre die Gebetsfahnen im Winde knallen und er wird die Worte „o mani pat me hom" zum Himmel hinauf tragen · ich überfliege das Tor mit den darin lebenden, freundlichen und zufriedenen Menschen · ich schrei zu ihnen hinunter · sie nehmen diesen Schrei als einen Gruß wahr · und winken mir freundlich zu · komm bald wieder, rufen sie · ich fliege etwas tiefer, um den kleinen Jungen, der in einer von gelben Blüten übersäten Wiese sitzt, besser sehen zu können · oh, mein Junge, in deinen Augen sehe ich mich ja selbst · wir winken uns zu · so wie es einem jeden von uns möglich ist · wieder fliege ich höher · immer noch höher · von hier oben nehme ich die Düfte und die vielen Farben, die dieses Tal uns zu bieten hat, viel besser wahr · noch einmal sehe ich hinunter – sehe die silbernen Fäden · die den Talboden durchziehen · die steilen Hänge · die hohen Berge, deren Spitzen mit Schnee bedeckt sind · so überfliege ich mein Tal in Tibet · aber ich weiß, dass ich immer hierher zurückkehren darf · wann immer ich es will – ich überfliege Indien – die Meere – die Flüsse – die Seen – Berge – Täler – Dörfer – Städte – langsam, ganz langsam komme ich meiner jetzigen Heimat näher – und näher – ich überfliege die Goldene Stadt – die jetzt ganz besonders zu strahlen scheint · ich durchstoße den Schleier, der zwischen der Goldenen Stadt und dem Meer der Gefühle liegt · das Meer der Gefühle habe ich noch nie so stark wahrgenommen wie jetzt · ich überfliege die Brücke, die die Verbindung zwischen der nicht alltäglichen Welt und der Gegenwart herstellt · als Adler kehre ich zurück in mein Innerstes · jetzt verwandle ich mich wieder und kehre zurück in die jetzige Körperlichkeit – durch die lila-violette Blüte meines Dritten Auges bin ich wieder in mich selbst zurückgekehrt – ich schließe meine Blumenknospen im Dritten Auge und im Kronenzentrum – ich kehre langsam – ganz langsam · zurück · ich nehme meinen Herzschlag wahr – Herz und Atmung sind im Einklang – all meine Organe arbeiten ganz normal und all ihren Funktionen entsprechend – aus meinem Herzen fließt Liebe · aus meinem Sonnengeflecht fließt Wärme · aus meinem Hara fließt Lebensfreude – aber darüber hinaus habe ich einen kühlen Kopf bewahrt · und ich stehe mit meinen beiden Beinen fest im Leben · im Jetzt und im Da · ich kehre nun zurück von meiner Reise nach Tibet · mir geht es gut und ich fühle mich wohl · ich werde nun innerlich bis sechs zählen · bei sechs werde ich zurück sein im Jetzt · eins – zwei – drei – vier – fünf – sechs!

Augen öffnen, Arme und Beine leicht bewegen, noch etwas in Ruhe verweilen.

# MEDITATIONSTEILNEHMER ERZÄHLEN ÜBER IHR ERLEBTES BEI DER REISE NACH TIBET

Die Namen sind dem Autor bekannt, werden aber im Sinne des persönlichen Schutzes nur mit Vornamen und dem Anfangsbuchstaben des Familiennamens angeführt.

Wie ich, Kilian H., die meditative Reise nach Tibet erlebte.

Ich habe in meinem Sessel Platz genommen, schließe die Augen und warte auf die Stimme des Meisters. Es gelingt mir sofort, mich total zu entspannen und Kurt geht weiter mit dem bewussten Öffnen der Chakren. Beim Scheitel- und Stirnchakra sah ich auch bereits eine helle und violette Farbe. Es könnte auch lila gewesen sein, die Farbunterscheidung war nicht möglich. Es begann bereits die Energie stark zu fließen und ich verspürte einen Druck am Kopf und Wärme im ganzen Körper.

Zum Halschakra kam auch eine schöne blaue Farbe. Beim Herz und auch beim Sonnengeflecht erschien schleierhaft eine gelbgrüne Farbe vor meinem Dritten Auge. Auch die Farben orange und rot waren undeutlich sichtbar. Da ich zuvor noch keine Farben sah, war dies bereits ein großer Fortschritt.

Beim Verbinden der Chakren spürte ich Wärme an beiden Seiten der Wirbelsäule emporsteigen bis in die Höhe des Herzchakras.

Der Meditation voraus war ich bereits auf dem Flug nach Tibet, wo ich in einem engen Tal landete. Ich kam an Hütten vorbei, wo mir ein Bewohner, dessen Gesicht ich nicht erkennen konnte, ein Gefäß mit Wasser reichte. Ich trank, dankte ihm und ging weiter.

Dann gehe ich eine steinerne Treppe hinauf zu einem Kloster. Ich bin wieder zu groß, um durch das Holztor zu gehen. Ich muss mich wieder klein machen und dann gelange ich in den Innenhof. Von dort geht es weiter in einen weißen Raum mit kleinen Fenstern. Ich setze mich in die letzte Reihe und schaue auf den Rücken des Vordermannes, um weiter klein zu bleiben. Vorne sehe ich mehrere leere Stühle und der Buddha in schlanker Figur erscheint nur für einige Augenblicke. Ich war zufrieden.

Mein Drittes Auge beginnt zu schmerzen und es kommt mir vor, dass es blutet. Ich spüre aber nichts über die Wange rinnen.

Ich bin glücklich und fliege vorzeitig zurück. Dies auch deshalb, da die Energie bereits stark zu spüren ist. Meine Fußsohlen brennen und Hitze ist im gesamten Körper enorm. Ich beende die Meditation etwa zwei Minuten vorher, um den Energiefluss zu beenden.

Wie ich, Gertrude H., die meditative Reise nach Tibet erlebte.

Ich entspanne mich. Es gelingt mir gut, meine Chakren zu öffnen – bis auf das Wurzelchakra. Ich kann keine Verbindung zur Erde aufnehmen, die Füße scheinen in der Luft zu stehen.

Kurts Stimme klingt herzlich und warm. Ich fühle mich wohl und beschützt. Hitze durchströmt meinen Körper. Ich höre Kurts Gemurmel wie von ferne, manchmal gar nicht, dann wieder metallern; ich kann seinen Anleitungen nicht mehr folgen. Die Klangschale singt in einem hohen Ton. Ich habe das Gefühl, mein Kopf wird empor gerissen und der Körper bleibt zurück. Meine linke Nackenseite schmerzt. Ich sehe helles Licht und fühle mich wohl, so wohl. Plötzlich höre ich wieder Kurts Stimme, aber diesmal klingt sie leise und heiser, so als ob ein sehr alter Mönch seine Mantren singt, weit weg – und beruhigend. Ich kann mich wieder fallen lassen und genieße diese Leichtigkeit; Licht und Ruhe umgibt mich.

Die Zimbeln reißen mich aus diesem angenehmen Zustand. Ich öffne die Augen und bin wieder im Hier und Jetzt.

Danke, Kurt!

Wie ich, Belinda L., die meditative Reise nach Tibet erlebte.

Wie immer ist mir vorgekommen, überhaupt nicht tief in der Meditation zu sein. Doch kurz nachdem ich auf deinen Schwingen Platz nahm, begannen sich meine Gedanken zu verselbständigen. Als ich diese klaren Bäche unter mir sah, die in der Sonne glitzerten und funkelten, beschloss ich doch, selber zu fliegen. Ich steuerte einen Bach an, doch plötzlich war die Gegend völlig anders und ich sah mich als Aboriginals über Wüstenboden laufen.

Während ich lief, wurde der Boden immer grüner und ich verwandelte mich in einen jungen Indianer. Ich befand mich auf Nahrungssuche. Ich ging immer weiter, bis ich zu einem Kloster kam. Plötzlich stand ich in einem Raum, gemeinsam mit Buddha und als Mönch mit einem roten Umhang.

Ich fühle einen tiefen, inneren Frieden, verbeugte mich tief und verharrte eine Weile in dieser Haltung. Ich fühlte mich glücklich, weil ich so nah bei Buddha sein durfte.

Als ich mich aufrichtete, war ich wieder der junge Indianer. Ich drehte mich um und sah, dass alle Indianer meines Stammes ebenfalls da waren.

Neben mir stand ein anderer Indianer. Er bat mich um Vergebung. Wir sahen uns kurz tief in die Augen, dann wendeten wir unseren Blick wieder zu Buddha.

Ich kniete nieder und bat um Vergebung für meine schreckliche Tat. Beschämt blickte ich zu Boden und streckte meine geöffneten Hände über den Kopf, Buddha entgegen. Er berührte meine rechte Handinnenfläche und dann geschah etwas Unbeschreibliches. Bisher war es mir immer nur möglich, Licht zu sehen – doch plötzlich konnte ich Licht spüren.

Mein Handchakra wurde völlig heiß, die Hitze wanderte über meinen Arm hinauf und auf der linken Armseite wieder hinunter. Es war unbeschreiblich schön.

Während ich noch völlig von diesem wunderbaren Ereignis überwältigt war, sah ich mich wieder zurückfliegen.

In einer Wiese, neben einem Bach, entdeckte ich einen kleinen Jungen. Langsam ließ ich mich neben ihm nieder. Wir lächelten uns freundlich an und schauten dem Glitzern und Funkeln noch eine Weile zu.

Während ich dem herabfallenden Wasser zusah, fühlte ich einen immer stärker werdenden Druck auf meinem Scheitelchakra. Ich hatte das Gefühl, unter einem gewaltigen Wasserfall zu stehen, der mit ganzer Wucht auf mich herabstürzte. Es war aber ein angenehmer, schwerer und wohltuender Druck.

Nachdem die Meditation zu Ende war, fühlte ich mich durch die wunderbaren Erlebnisse zwar etwas aufgewühlt, aber auch sehr glücklich und zufrieden.

In der anschließenden Runenziehung erhielt ich die Rune Wunjo. ᚹ

Sie steht für Freude und Licht.

Wandel, der nötig war, liegt nun hinter mir. Freude bringt neue Energie, die vorher blockiert war. Wunjo ist die Rune der Wiederherstellung, der harmonischen Verbindung, des begrenzenden Ichs mit dem Höheren selbst.

Wie ich die meditative Reise nach Tibet erlebte. Der Name der Erzählerin ist dem Autor bekannt.

Bei der Chakrareinigung begegne ich im Kronenchakra Jesus. Ich bekomme eine Gänsehaut, weil es so schön ist. Im Dritten Auge oder Schilddrüsenchakra habe ich eine Frau mit schwarzem Umhang gesehen. Auch sah ich eine weiße Kugel. Es ging mir sehr gut. So begann ich die Reise nach Tibet.

Ich bekam so viel Energie, dass ich sie in den Händen spüren konnte. Ich begann sie zu formen. Ein wunderschönes Gefühl. Meine Hände gingen wie von alleine zu meinem Hara. Es wurde wunderbar warm.

In Tibet angelangt schreckte ich mich, ich sah einen Mann mit braunem Umhang. In der Kirche sah ich Buddha vor mir.

Bei der Heimreise fühlte ich mich wohl, wie ich den jungen in der Wiese sah. Einfach zuhause und geborgen. Es war eine wunderschöne Reise nach Tibet!

Wie ich die meditative Reise nach Tibet erlebte. Der Name der Erzählerin ist dem Autor bekannt.

Ich bin bereit, mich zu entspannen. Ich versuche meine negativen Gedanken zur Ruhe zu bringen. Es gelingt mir sehr schwer. Ich habe Angst vor meinen Gedanken – welche Bilder werden kommen – welche Gedanken werden kommen. Es sind immer dieselben: Krankheit – Panik – Sterben - etwas Neues - wozu ich die Kraft nicht habe. Ich bitte Gott, mich bei dieser Meditation wieder zu begleiten.

Ich beginne und versuche, meine Chakren zu öffnen und zu aktivieren. Ich spüre, wie sich mein Körper beruhigt; ich spüre, wie sich meine Seele beruhigt. Die Stimme unseres Führers ist sehr angenehm. Ich habe meine Augen geschlossen und bin jetzt bereit, frei zu sein für das, was kommt. Ich konzentriere mich auf mein Herzchakra – ich habe Angst – ich habe das Gefühl, mein Herz fürchtet sich. Ich spüre einen Druck – ich spüre große Spannung in meinem Herzen. Plötzlich sehe ich einen großen Stein – er rollt aus meinem Herzen und gleitet meinen Körper hinunter. Ich fühle noch sehr viele kleine Steine – eine Staubwolke, die sich sehr schnell entfernt. Mein Gedanke: „Befreiung – Danke!"

Meine Gedanken kommen und gehen. Ruhe breitet sich aus. All die äußeren Eindrücke ziehen sich zurück – nichts stört mehr – nur mehr ich selbst sein, nur das ist wichtig – loslassen, genießen.

Während die Stimme unseres Führers mich begleitet, bin ich nicht allein. Ich bin in Sicherheit. Jetzt ist Zeit für mich!

Das Rauschen eines Wassers – ich stelle mir vor, an einem Ort zu sein, an dem es sehr schön ist. So fliege ich, unter mir das Wasser, über mir der blaue Himmel. Ich schwebe leicht wie eine Feder überall dorthin, wo meine Gedanken mich hinziehen.

Ich bin in tiefer Ruhe und Entspannung. Mein Unterbewusstes ist frei – alles Belastende löst sich, es fällt ab von mir. Ich spüre wieder einen großen Druck, der sich von mir löst und ich spüre, wie er langsam im Wasser verschwindet.

Jetzt sehe ich den Ort, an dem ich so viel Ruhe verspüre! Ich sehe wieder den Raum, in dem ich schon oft gewesen bin. Ich sehe eine Gestalt. Ich spüre eine Kraft. Es ist Gott. Meine Gedanken spüren

Hände auf meiner Brust und ich sehe plötzlich meine Hände in Farbe – ein schönes Rot – ein schönes Blau. Ich lege meine Hände auf meine Brust – es ist angenehm warm.

Ich möchte nur mehr schlafen. Aber ich muss wieder zurück. Ich muss wieder zurück in mein Leben. Ich nehme Abschied. Ich bedanke mich. Ich sehe den kleinen tibetanischen Jungen. Er heißt „Tadeus“. Er winkt mir zu. Ich kenne diesen Jungen auch in diesem Leben – aber er spricht nicht mehr mit mir!

Und so kehre ich wieder zurück in das Hier und Jetzt. Es fällt mir schwer , die Augen zu öffnen. Es fällt mir schwer, über das Geschehene zu sprechen.

Ich sage „Danke“ zu Gott – zu Buddha. Er ist für mich ein Teil von Gott – und sage „Danke“ zu mir selbst!

Wie ich die meditative Reise nach Tibet erlebte. Der Name der Erzählerin ist dem Autor bekannt.

An Anfang habe ich noch mitmeditiert. Bei den Chakren habe ich nicht sehr viel gespürt, aber dann war es so, als ob ich bei meiner rechten Schläfe anfangen würde zu bluten.

Zuerst war ich ein bisschen erschrocken und verwundert, aber dann konnte ich es so richtig genießen.

Am Anfang rann immer ein Tropfen nach dem andere herunter, aber schon bald wurde es immer mehr und mehr. Es war ein wunderbares, warmes und befreiendes Gefühl. Zuerst wurde es ganz dunkel um mich. Dann wurde mein Kopf immer leere. Ich spürte nur noch diese Schwere, die Leere und über meinem Gesicht das Blut.

Es war sehr viel Energie im Raum. Beim Rühren der Klangschale konnte ich den Rest der Gruppe beobachten. Manuela I formte ständig Energiebälle, die sie dann ins Herz und Hara fließen ließ. Manuela II fiel mal auf die eine, mal auf die andere Seite. Gertrude sah ziemlich ernst drein.

Die Klangschale wurde manchmal so laut, dass es fast weh tat. Interessant war auch zu beobachten, wie Du plötzlich leicht in Dich gesackt bist, und mit einer völlig anderen Stimme leise Mantas rezitiert hast. Fast hab ich den Mönch sitzen sehen können.

Nach einer Weile hast du dich ruckartig wieder aufgesetzt, so als ob Du Dich selbst erschrocken hättest. Du hast nicht mehr laut geredet, sondern eine Weile leise gebetet (nehme ich mal an). Danach ging die Meditation normal weiter.

War wirklich ein tolles Erlebnis. Danke!

# TIBETISCHE GEDANKEN ZU DEM WORT „GEFÜHL“

(Kreta, 4. September 1996)

„GEFÜHLE“, die so stark sind wie die Luft, am Tage heiß und doch so rein an diesem Ort, in diesem Land.

„GEFÜHLE“, die durch den Duft der Blüten, der Sträucher, der Bäume und der Erde bis ins Unendliche gesteigert werden.

„GEFÜHLE“, die durch diese Menschen, durch ihre Lebensfreude so liebenswert sind.

„GEFÜHLE“, die durch Täler und Berge und die Luft Tag für Tag unvergänglich sind.

„GEFÜHLE“, die in dir schwingen, und fühlst, dass du auch einmal hier geboren bist.

„GEFÜHLE“, die wie Sonne niemals vergänglich sind.

„GEFÜHLE“, die mir sagen, dass Vergangenes Erlebtes ist.

„GEFÜHLE“„ die mir Kraft, Liebe, Licht und Schwingung mit in mein Jetzt geben.

„GEFÜHLE“, die „Er“ mir mit auf meinen tibetanischen Weg gibt.

„GEFÜHLE“, die mir sagen, dass ich die Menschen liebe.

„GEFÜHLE“, die mir auch sagen: „Gott, wie hab ich dich lieb!“

# SCHAMANISMUS, WIE ICH IHN SEHE

Schon vor Tausenden von Jahren gab es besondere Menschen (Schamanen), die sich durch ganz besondere Techniken in Trance versetzen konnten. In diesem Zustand konnten sie nun Kontakt mit ihren dortigen weisen Helfern und Verbündeten aufnehmen. In der damaligen wie heutigen schamanischen Kultur gehört es zum oft langen Ausbildungsweg des Schamanen, dass er selbst zuerst heil werden muss, bevor er andere heilen kann. Im Schamanismus werden die Begriffe „Heilung – Heil – Das Heilige" noch im ursprünglichen Zusammenhang gesehen. Durch die Kontaktaufnahme mit unseren weisen Helfern in der nicht alltäglichen Wirklichkeit wird uns der Zugang zu schamanischen Methoden der Selbstheilung eröffnet.

# WAS SCHAMANISMUS FÜR MICH BEDEUTET

Der Schamanismus hat eine Jahrtausend alte Vergangenheit, er durchzieht alle Kulturen und ist ein Streben nach Wissen und persönlicher Kraft – man kann sagen, dass er die Vorstufe aller bekannten Religionen darstellt (im psychologischen und philosophischen System), ohne jedoch selbst eine Religion zu sein.

So werde ich sehr oft gefragt: „Ist Schamanismus eine Religion? Eine Sekte? Oder gar eine fernöstliche Kampfsportart?" Ich darf jeden beruhigen, es trifft nichts im Entferntesten zu. So wurde der Schamanismus über Jahrhunderte hinweg mit Hilfe einer Reihe von Techniken entwickelt, die es dem Einzelnen (Schamanen oder deren Schülern) erlauben, die für uns scheinbare Kluft zwischen der physischen Welt und den Reichen (Ebenen) der Imagination, Vorstellungs-, Einbildungskraft, Phantasie und Visionen bewusst überbrücken zu lernen. Der enorme Vorteil dieser Form von spiritueller Führung ist, dass man keinerlei äußere Werkzeuge (außer bei Ritualen) benötigt. Viele Menschen werden von der Einfachheit des Schamanismus überrascht und nehmen ihn dadurch nicht ernst. Aber diese Einfachheit des Schamanismus muss man durchleuchten, um ihn auch zu verstehen.

Religion ist Glaube – Schamanismus ist Jahrhunderte lange Erfahrung und in diesem Sinne auch Glaube. Der Schamanismus kennt keine Theologien. Für die in Nepal lebende Schamanin Maile Lama bedeutet Schamanismus „Ungerichtete Liebe". Ich möchte mich dieser Meinung ganz anschließen. Im Schamanismus gibt es keine begriffliche Einengung.

Die Wissenschafter unserer Zeit interessieren sich nun auch langsam (wohlgemerkt „langsam") für die Phänomene des Schamanismus und das wohl auch deswegen, weil immer mehr die Grenzen des Machbaren erreicht werden. Das kann nun Folgendes bedeuten: Wo Pharmaindustrie und Apparatemedizin den Zenit erreicht haben, wird nun gerade im heilerischen Bereich der Ruf nach Alternativen laut. Dies könnte nun z.B. der Schamanismus sein. Wissenschaft und

Schamanismus! Was verbindet diese beiden Denkwelten? Ein Chemiker, der kein Mystiker ist, ist kein Chemiker. Der Mystiker und der Schamane erfährt intuitiv die „wahre Wirklichkeit".

Man darf aber auch nicht verschweigen, dass das aktive Ausüben verschiedener schamanischer Techniken kein Allheilmittel für alle anstehenden Probleme sein kann. So kann der Schamanismus sicher nicht alle Hindernisse in deinem Leben beseitigen, jedoch macht er es einfacher für dich, deine Probleme zu lösen und vermutlich auch, erfolgreicher zu werden – und dies in jeder Hinsicht.

Schiebe die Probleme nicht vor dir her, denn auch ein Schneeball kann zur Lawine werden. Du musst aktiv handeln, wenn du deine Ziele erreichen willst. Du musst lernen, zum richtigen Zeitpunkt am richtigen Ort zu sein. Hast du das einmal geschafft, musst du auf deine „intuitiven" oder natürlichen Fähigkeiten zurückgreifen, um auch erfolgreich zu sein. Den Vorsprung, den du auf diese Weise anderen gegenüber erlangt hast, wird dir jede deiner Aufgaben erleichtern.

Schamanische Techniken funktionieren in einer modernen städtischen Umgebung ebenso gut wie auf dem Lande, im Urwald, in der Steppe oder unter der heißen Wüstensonne. Vergessen wir alle nicht, dass Schamanismus letztlich nichts anderes als eine von einfachen Menschen für einfache Menschen entwickelte Methode zur Erlangung von Kraft ist – sowie eine Reihe von Techniken, die uns helfen können, große Ziele zu erreichen.

# WOHER KOMMT DER SCHAMANISMUS?

An unzähligen Orten auf unserem Planeten Erde wird das uralte schamanische Wissen wieder neu entdeckt. In einer so schnelllebigen, hochindustrialisierten Zeit wie dieser, wo Millionen von Menschen auf der Suche nach der Sinnhaftigkeit des Lebens sind, liegt nun der Schamanismus voll im Trend und wird für viele der Suchenden der Königsweg zur Selbstfindung und der wahre Weg zu einem harmonischen Leben. Es ist also zur Zeit total „In", sich mit dem Schamanismus zu beschäftigen. Aber sich nur damit zu beschäftigen oder einige Seminare zu besuchen wird nicht ausreichen, den Schamanismus klar zu erkennen und ihn in seiner vielseitigen Art zu verstehen und zu erlernen.

Der Schamanismus kommt von den Naturvölkern und das schon über Jahrhunderte hinweg (z.B. von den asiatischen, indianischen und afrikanischen Stämmen, von den Aborigines und deren Stämmen). Wo bleibt nun Mitteleuropa? Die weiße Rasse? Auch hier gab es und gibt es Schamanen, obwohl die Meinung verschiedener Experten darüber sehr unterschiedlich sind. Ich werde in weiterer Folge noch versuchen zu erklären, warum es Schamanismus meines Erachtens nach auch in Mitteleuropa gibt.

Wo gab und gibt es Schamanen?
Bei den asiatischen Stämmen,
bei den indianischen Stämmen,
bei den afrikanischen Stämmen,
bei den Aborigines und deren Stämmen,
bei den süd-, mittel- und nordeuropäischen Stämmen und Völkern

- Druiden
- Mystikern und Alchemisten
- Kräuterhexer und -hexen
- Wender
- intuitive Wünschelrutengeher
- Handaufleger
- Geistheiler usw.

Ich weiß man wird über meine Aussage und Meinung, es gäbe bei den weißen Völkern Schamanen, vielfach anderer Meinung sein. Ich akzeptiere jede andere Meinung, wenn sie ernst gemeint ist und nicht vor Selbstherrlichkeit und Selbstbeweihräucherung strotzt.

Einige von mir sehr geschätzte Autoren vertreten die These, dass es seit mehr als tausend Jahren in Mitteleuropa keine schamanische Tradition mehr gibt.

Ich stelle die Gegenfrage: Was waren dann Druiden, Mystikern und Alchemisten, Kräuterhexer und -hexen, Wender, intuitive Wünschelrutengeher, Handaufleger, Geistheiler usw.?

Ich glaube, dass in den letzten Jahrhunderten in Mitteleuropa aus Angst und Furcht einfach im Untergrund heimlich praktiziert wurde. Aus Angst vor Verfolgung, Verrat und Tod durfte es einfach nicht in der Öffentlichkeit stattfinden. Denken wir dabei an die Inquisition.

# WAS IST EIN SCHAMANE? WER IST EIN SCHAMANE? WIE WIRD MAN ZUM SCHAMANEN?

Schamanen sind geistige Führer und Heiler der Naturvölker. Sie tragen die Verantwortung für die seelische und körperliche Verfassung der Stammesmitglieder. Schamanen sind Meister der Trance. Sie verstehen sich als Mittler zwischen der transzendentalen Welt und unserer realen Welt. Bei Problemen kennen sie die Rituale, mit denen Kontakt zu der Geisterwelt aufgenommen werden kann. Auf ihrer Geisterreise ( die oft über sehr lange Zeit gehen kann) erfahren sie, wo die Harmonie gestört ist und wie Heilung erreicht werden kann. Sie bringen also von ihrer Geisterreise, in der sie einen verstärkten Zugang zur Intuition haben, Ratschläge und Problemlösungen mit. Nebenbei besitzt ein Schamane oft ganz außergewöhnliche Fähigkeiten wie Hellsichtigkeit, Kontakt mit Natur- und geistigen Wesen, Zugang zu neuem und verloren gegangenem Wissen, Umgang und Kontakt mit den Elementen, Kenntnisse über Heilkraft von Kräutern u.dgl., Kraft des Heilens und die Gabe des Prophezeiens oder Voraussagens usw. Obgleich die meisten Schamanen alle diese Fähigkeiten beherrschen, neigen sie dazu, sich auf eine von ihnen zu spezialisieren, um sie vollständig zu meistern.

Niemand kann sich entschließen, Schamane zu werden, man muss von Geburt bzw. von Göttern und Naturkräften sowie von alten Schamanen und dem Stamm dazu bestimmt werden. Bei den Naturvölkern kann man beobachten, dass oft Menschen gewählt werden, die bei uns als psychisch krank gelten würden. Die Ausbildung zum Schamanen beginnt schon sehr oft als Kind, ist sehr umfangreich und geht über viele Jahre – mit dem Ziel, eines Tages dem Stamm als Heiler und Ratgeber zu dienen. Bei den Naturvölkern endet die Ausbildung zum Schamanen auch heute noch mit einer öffentlichen Initiation. Dies gilt ganz besonders bei den nordasiatischen Stämmen.

Ein Schamane verlässt sich ja auch auf seine inneren Kräfte, die seine Entscheidungen in Problemsituationen stützen, als konkrete

Fakten, wie dies heutzutage oft der Fall ist. Das einzige, was wir für diese Form der Beratung bezahlen müssen, ist die Bereitschaft, all unsere veralteten Vorstellungen und Begriffe von der Natur der Wirklichkeit loszulassen.

Wenngleich Schamanen keine festen Dogmen haben oder bestimmte religiöse Lehren vertreten, glauben sie an das universale „Kraftgewebe", das alles Leben erhält. Dem Schamanismus und dem Wissen des Schamanen zufolge sind alle Elemente unserer materiellen Umwelt lebendig und er bezieht seine Kraft aus der Geisterwelt oder Geistwelt. Zum Beispiel sind Steine, Pflanzen, Tiere, Wolken und Wind lebendige Wesenheiten und müssen mit Respekt behandelt werden, damit Gesundheit und Harmonie gewährleistet sind. Schamanen betrachten alle Lebensformen als miteinander verbunden, und ein wechselseitig förderndes, ausgewogenes Verhältnis aller Geschöpfe ist ihrer Ansicht nach die unumgängliche Voraussetzung für das Überleben der Menschheit. Wir Menschen müssen lernen – ob von Schamanen oder anderen Helfern – dass dieses ausgewogene Verhältnis in Harmonie sein muss, um danach zu leben, indem wir die Natur in jede unserer Handlungen mit einbeziehen. Die Kraftverbindungen der Natur sind die Lebensspender und die Quelle aller erfolgreichen Unternehmungen.

Man braucht nicht im Ausland über den Schamanismus zu forschen, bleiben wir einfach in der Gegend – in unserer ländlichen, bäuerlichen Tradition. Hier gibt es eine Menge von schamanischen Praktiken, nur werden diese leider von der wissenschaftsgläubigen Bevölkerung eher belächelt oder, was noch schlimmer ist, als ein „dummer Aberglaube" abgetan. Wohl fast ein jeder Mensch, der auf dem Lande lebt, kennt irgendwo jemanden, dem man außergewöhnliche Heilkräfte nachsagt. Diese Person kann z.B. durch Handauflegen einem anderen Menschen Schmerzen im körperlichen wie im seelischen Bereich nehmen.

Natürlich gibt es auch bei spirituellen schamanischen Handlungen „Rituale", die in der Vergangenheit, der Gegenwart und der Zukunft ein wichtiger Bestandteil einer schamanischen Reinigung oder Behandlung ist.

Das Ritual der Reinigung

Die Reinigung vor und nach einer Behandlung ist von enormer Wichtigkeit (beim Geber und Nehmer in gleichem Maße) – die Reinigung der Auren; die Reinigung der Räumlichkeiten usw. Sehr oft wird mit Räucherwerk (Salbei) gereinigt.

Das Ritual der Verbindung

In Verbindung treten mit Gott, seinen geistigen Führern, Helfern, spirituellen Lehrern, Geistern, Naturwesen, der Mutter Erde usw.

Das Ritual der „Bitte"

Die Bitte liegt darin, dass er das tun darf, was er tut; dass er klare Anweisungen bekommt für die Lösung der Probleme, die es zu behandeln gibt; aber man bittet auch darum, Mittler, Kanal sein zu dürfen.

Das Ritual des „Dankens"

Der Schamane bedankt sich bei Gott, seinen geistigen Führern, Lehrern usw. für die Hilfe, die ihm und dem Hilfesuchenden gewährt wurde.

Das Ritual des „Lichtes"

Eine brennende Kerze hat nichts Mystisches, sie hat dennoch viele Bedeutungen. Eine ganz wichtige davon ist, das Licht „LEBEN" bedeutet. Man könnte diese Liste noch beliebig verlängern, aber warum? Der spirituell berufene Schamane sucht keine Selbstbestätigung oder irgendwelche Vorgaben von anderen Personen, sind sie nun so oder so gemeint. Sein Geist muss frei entscheiden können. Aus all diesen Gründen und noch etlichen mehr bin ich überzeugt davon, dass es Schamanen in Mitteleuropa gibt.

Bitte beachten wir Folgendes:

Biophotonen sind das Licht des Lebens (Bio = Leben, Photonen = Licht). Nur mit speziellen technischen Apparaturen kann die Biophotonenstrahlung sichtbar gemacht werden. Allerdings sprechen Schamanen oft von einem „Energiefeld (=Aura)" um Pflanzen, Tiere und Menschen, welches sie mit geschultem Blick in der Lage sind zu sehen (Aura sehen). Bereits Mitte der 90er-Jahre führte der deutsche Universitätsprofessor Dr. Fritz Popp, Begründer der Biophotonenforschung, Versuche mit Rosalyn Bruyere, einer in den USA sehr bekannten Heilerin durch, die durch Energieübertragung mittels ihrer Hände ohne Berührung heilte. Rosalyn Bruyere wurde von Schamanen der Navayos (Indianerstamm in den USA) in die alten Traditionen und Überlieferungen des Stammes eingeweiht. Professor Popp maß zuerst die Grundausstrahlung der Hand. Danach bat er die Heilerin, sich auf die Ausstrahlung von „Heilenergie" zu konzentrieren – und siehe da – die Lichtausstrahlung ihrer Hand war durch die Konzentration auf Ausstrahlung stärker. Bei diesem Versuch konnte erstmalig der Nachweis erbracht werden, dass beim sogenannten „Handauflegen" (physikalisch messbar) Biophotonen verstärkt ausgestrahlt werden.

Ein anderer Beweis – die Kirlian-Fotografie, auch als Aura-Foto bekannt. Die feinstofflichen Energien, z.B. um den Kopf eines Menschen, können mit einem speziellen Apparat sichtbar gemacht werden.

Solche Fähigkeiten und Eigenschaften sind allen Schamanen rund um die Erde seit jeher gemeinsam gegeben. Sie sind nicht mehr oder weniger Menschen, die sich aus Interesse an der Sache und durch fleißige Bemühung weiter entwickelt haben. Das große oder kleine Geheimnis des Erfolges auf dem schamanischen Weg ist Interesse und die Bereitschaft zu glauben, dass man es schafft. Kein „Weshalb", „Warum", „Wieso", „Vielleicht" usw. kann dabei von Hilfe sein. Zweifel war und ist bei uns Menschen noch immer die größte Blockade, die uns allgegenwärtig in unserer Weiterentwicklung behindert.

# MEINE ART, „SCHAMANISCH ZU REISEN“

Bevor du überhaupt daran denken kannst schamanisch zu reisen, solltest du einige Dinge wissen und umsetzen. Vor allem musst du dich als erstes mit dem Schamanismus auseinander setzen; seinen tiefen Sinn verstehen lernen. Lies Bücher; informiere dich in Seminaren über den Schamanismus. Der Schamanismus umspannt unseren ganzen Planeten. Er ist allgegenwärtig; man muss ihn nur erkennen, annehmen und zulassen. Es gibt viele Richtungen im Schamanismus, aber alle wollen das Gleiche; nur die Praktiken und deren Ausführungen sind verschieden. Ich bin in diesem Leben Europäer und lebe im Herzen Europas, also nehme ich mir all das Wissen und die Kenntnisse aus dem Schamanismus, die ich als Europäer für Körper, Geist und Seele sowie für meine spirituelle Weiterentwicklung benötige.

Wenn du das Tor zum Schamanismus aufgestoßen hast, dann habe auch den Mut, durch dieses Tor zu gehen. Du betrittst damit die Welt der ungerichteten Liebe. Durch und mit dem Schamanismus wirst du wieder in Harmonie gelangen, im Einklang mit den Menschen, den Tieren, der Natur, Mutter Erde, dem Himmel und dir selbst sein.

Eine der wichtigsten Grundtechniken im Schamanismus ist die Schamanische Reise. Du kannst wie alle anderen auch lernen, schamanisch zu reisen und dir dadurch die Fähigkeit aneignen, in andere Wirklichkeiten zu reisen und wieder aus ihnen in die alltägliche Welt zurückzukehren. Schamanische Reisen kann man alleine oder in der Gruppe unternehmen. Die Gründe für solche Reisen können vielfältig sein, zum Beispiel Kontakt aufnehmen mit Wesenheiten anderer Wirklichkeiten, die dem eigenem Wachstum und der spirituellen Unterweisung dienen. Diese Wesenheiten können Gott, Lichtwesen, Naturwesen, Fabelwesen, Pflanzengeister, Krafttier usw. sein. Auch die Anzahl der anderen Welten, in die man reist, ist sehr groß, wobei die Untere, Mittlere und Obere Welt vorerst die drei wichtigsten Reiseziele sein sollten. Bevor du eine schamanische Reise beginnst, soll gut überlegt werden, welches Anliegen du lösen möchtest. Jede schamanische Reise geht von deinem Kraftplatz aus. Jeder Mensch hat einen Kraftplatz, ohne dass er dies vielleicht bewusst weiß. Dein persönlicher Kraftplatz kann zum Beispiel sein: ein Baum, ein Stein, ein Wasserfall, ein bestimmtes Fleckchen Erde usw. Aber immer steht dieser Kraftplatz mit dir im Zusammenhang und dies in positivem Sinn. An diesem Ort warst du glücklich und hast Energie getankt oder dergleichen. Wähle also bei deiner ersten schamanischen Reise einen solch positiven Kraftplatz aus, von dem du dann deine Reise beginnst. Später, wenn du dann im Reisen geübt bist, wird dir in einer Vision der Kraftplatz bestätigt oder dir dein wahrer gezeigt. Jede schamanische Reise, ob sie nun geführt oder ungeführt ist, beginnt und endet bei diesem Kraftplatz. Bei einer geführten Reise spricht der Schamane (oder „Reiseleiter") intuitive Texte, wobei die Reise in die Untere Welt zum Beispiel zur Suche und zum Finden deines Krafttieres führt. Bei einer Reise in die Obere Welt findet man seinen spirituellen Lehrer (oder Geistführer). Der Schamane oder Reiseführer begleitet sich dabei selbst auf der schamanischen Trommel. Es gibt unzählige Welten, in die du dann reisen kannst, zum Beispiel in die Heiler-Welt, die Welt der Harmonie, die Welt der Träume und viele mehr. Ist man im Reisen geübt, so benötigt man nicht mehr die Führung des Schamanen oder Reiseleiters dazu, sondern du kannst selbst zu deiner Reise trommeln oder du verwendest dazu eine CD, von der eine dazu geeignete Trommelmusik abgespielt werden kann. Wie bei jeder Meditation ist auch im schamanischen Reisen das Rükkholen von größter Wichtigkeit.

Über die schamanische Reise, Kraftplatz oder Orte der Kraft, das Krafttier, die Selbstheilungskräfte, die Rituale usw., aber auch über meine Praktiken und Erfahrungen werde ich ausführlich in meinem Buch „Der Landschamane „Vom ich ins Du" berichten.

Nachfolgend kannst du lesen, wie und was mein Schüler Herbert P. in den geführten oder ungeführten schamanischen Reisen erlebte. Ich möchte seine Erlebnisse, seine Informationen, die er in diesen Reisen erhielt als Sensation bezeichnen, denn Herbert P. ist erst seit Herbst 2001 im Sinne des Schamanismus mein Schüler.

In jedem von uns schlummern gewisse Fähigkeiten, man muss sie nur erkennen, annehmen und geschehen lassen und wer weiß, vielleicht gibt es den einen oder anderen Schamanen unter uns.

# WIE ICH, HERBERT P., ZUM SCHAMANISMUS FAND UND MEINE SCHAMANISCHEN REISEN ERLEBTE

Viele finden ihren Weg zur Spiritualität über besondere Erlebnisse, Ereignisse oder Visionen. Andere wiederum suchen Hilfe, Rat oder Heilung, wenn ihnen niemand mehr weiterhelfen kann, außer ganz besondere Menschen wie Kurt Brückler. Die Arbeit mit Energie gibt ihnen Kraft und Gesundheit, darum begeben sie sich auf diesen nicht alltäglichen Weg.

Bei mir war es schlicht und ergreifend Neugier.

Schon seit langem beschäftigt sich meine Frau mit verschiedenen Formen der Energiearbeit. Sei es nun die Heilkraft der Homöopathie, der Farben, der Edelsteine oder die Erfahrung der Schöpferenergie bei Reiki, Handauflegen, Pendeln oder Tai Chi, hat sie bereits viel gelernt, ausprobiert und, was mich früher verblüfft hat, heute begeistert, selbst heilerische Erfolge erlebt.

Grundsätzlich bin ich der typische „Kopf-Mensch". Für mich muss alles begreifbar, verständlich, analysierbar sein. Der Satz meines Mathematik-Professors, „Nichts glauben, alles selber beweisen", prägte mich nachhaltig und wurde zu meiner Lebensphilosophie. Das sind natürlich keine guten Voraussetzungen, um sich mit der nicht mit Fakten, Formeln und physikalischen Beweisen belegbaren spirituellen Welt zu beschäftigen.

Doch ich bin offen für andere Meinungen und Theorien, die nicht (oder noch nicht) beweisbar sind. Als meine Frau die ersten Seminare bei Kurt besuchte und mir davon erzählte, welche aufregenden Erlebnisse und herzlichen Menschen sie dort erfahren durfte, wurde ich neugierig. Und auch eifersüchtig auf die Freude und Euphorie, die sie mit nach Hause brachte.

Also beschloss ich, ich muss diese Erfahrungen selbst machen, um mir ein Bild von den Dingen verschaffen zu können und so mein eigenes Urteil fällen zu können. Verständlicherweise ging ich mit einer gewissen Skepsis und ohne große Erfolgshoffnungen zu meinem ersten Seminar „Kommunizieren mit Engeln und Lichtwesen".

Dort erlebte ich meine ersten Meditationen und auch meine erste Schamanische Reise. Anfangs glaubte ich, dass es mir nicht gelungen war, zu reisen und war enttäuscht. Bei der Nachbesprechung erkannte ich, dass ich doch Erlebnisse hatte, zwar nicht in Form einer Reise, sondern einzelne Bilder und Gegenstände, die mir Erinnerungen an den kürzlich erlebten Verlust einer geliebten Person brachten. Ich brach bei meiner Erzählung in Tränen aus. Tränen über die Enttäuschung und Tränen der Trauer. Durch Kurt, durch die anderen Seminarteilnehmer und auch durch das Erlebnis in der Meditation erhielt ich so großen Beistand und Liebe in meiner Trauer, dass für mich ein Stein ins Rollen kam.

Ich hatte etwas gefunden, das mir ermöglichte, tief in mich hineinzuhorchen und meine innersten Gefühle auszudrücken. Ich erfuhr die Gewissheit, dass viel mehr in mir steckt als meine Gedanken und mein Verstand mir erzählen können. Gleichzeitig traf ich viele liebevolle, ehrliche und offene Menschen, die ich sofort in mein Herz schloss und die mich, so glaube ich, ebenfalls in ihr Herz schlossen. Das war für mich das größte Geschenk, das ich je bekommen habe.

In der Folge kam ich öfters zu den Meditationsabenden mit Kurt, bei denen ich oft sehr aufregende Reisen erleben durfte. Ich machte auch einen Partner-Massage-Kurs, bei dem ich das erste Mal einen ersten Blick auf die Aura eines Menschen erhaschen konnte. Auch das untrügerische Gefühl, einen Menschen zu treffen, mit dem ich in einem früheren Leben bereits Kontakt hatte, durfte ich hier erleben.

Aufgrund dieser Erlebnisse beschloss ich, in diese Richtung weiterzugehen, anfangs immer noch im Zweifel über das, was ich dort eigentlich will. Die Schamanische Reise ist zur Zeit die für mich beste Form der Meditation, da sie mir jedes Mal aufs neue ausführliche Geschichten bringt, die auch mein Verstand begreifen kann. Nur leider für mich deuten kann ich sie noch nicht. Doch ich habe noch sehr wenig Erfahrung und will auch nichts erzwingen. Wenn ich schon etwas gelernt habe, dann dass die Dinge sich zeigen, wenn ICH bereit dazu bin, sie zu verstehen.

Zur Zeit erscheinen mir die Erlebnisse der Schamanischen Reisen wie Tagträume. Noch während ich sie erlebe, denke ich oft: jetzt gehen meine Gedanken mit mir durch, das wird jetzt kitschig oder habe ich aus einem Kinofilm. Doch dann denke ich mir, okay, das ist halt die Form, die ich am leichtesten verstehen kann und lasse die Erlebnisse zu. Und so vertiefen sich auch meine Meditationen und noch bunter werden meine Erlebnisse. Ich hinterfrage auch nicht mehr, was ich da eigentlich tue, sondern tue es einfach, meinetwegen!

Ich habe das große Glück, genau jetzt auf diese Erfahrungen gestoßen zu sein. Ich bin gesund, fühle mich wohl und lebe im Umfeld von gesunden und glücklichen Menschen. Auch wenn ich vereinzelt schon auf Ablehnung gestoßen bin, so lebe ich doch glücklicher, wenn ich die Erfahrungen der Reisen in mir wieder aufrufe.

So habe ich die Chance, mein Wissen zu erweitern und erlerne vielleicht irgendwann die Fähigkeit, die Visionen zu deuten und kann dann, wenn ich oder jemand anderer Hilfe benötigt, diese Gabe nutzen.

Ich danke Kurt und vor allem meiner Frau, die mir den nötigen Schupps verpasst hat, um mich diesen Themen zu nähern. Ich werde meine Weg fortsetzen, dass verspreche ich euch.

Für meine ersten Schamanischen Reisen wählte ich einen Kraftplatz, der sich in der Nähe unseres Hauses befindet und als Krafttier den Berglöwen. Ich spürte zwar, dass dies nicht die „richtigen" waren, doch halfen sie mir bei meinen Reisen. Es stellte sich dann auch noch heraus, dass meine Frau genau den gleichen Kraftplatz und das gleiche Krafttier gewählt hatte.

Wir besuchten auch beide die Seminare zum Schamanismus bei Kurt, aus denen auch die Aufzeichnungen meiner Reisen auf den folgenden Seiten stammen.

Nun aber zu meinen Erzählungen. Ich hoffe, du kannst meine Gefühle nachempfinden und sie wecken auch in dir das Interesse, mehr über den Schamanismus zu erfahren.

Reise in die untere Welt, Bestätigung des Krafttiers,
Frage an das Krafttier
Steyr, Seminar Schamanisches Reisen, Kurt Brückler
25. 5. 2002, 9:00 Uhr
Geführte Reise, Schamanische Trommel.

Ich starte die Reise wie üblich an meinen Kraftplatz, jedoch rufe ich diesmal nicht bewusst ein Krafttier. Es erscheint auch keines, also mache ich mich alleine auf den Weg zum Eingang in die untere Welt. Als ich noch mal an die Waldstelle zurückblicke, bemerke ich einen leuchtend weißen Fleck am Waldrand. Die Form ist nicht erkennbar, die Ränder sind unscharf. Kurz taucht in mir das Bild einer Schnee-eule mit ausgebreiteten Schwingen auf, das aber sofort wieder verschwindet.

Der Eingang zur unteren Welt liegt direkt im Hügel neben meinem Kraftplatz, der als riesige Höhle erscheint. In der Höhle befindet sich ein Holzsteg und an der linken Seite ist ein Seil zum Festhalten montiert. Der Rest der Höhle scheint schlecht gesichert zu sein, deshalb bin ich froh, dass es diese Gehhilfe gibt.

Nach zirka hundert Metern mündet die Höhle in einen hellen Tunnel. Als ich ihn betrete, stellt sich heraus, dass es sich um eine Art Gewächshaus handelt. Der bogenförmige Tunnel mit vier bis fünf Metern breite ist mit einer durchscheinenden Kunststofffolie abgedeckt. Durch diese Folie kann ich erkennen, dass die Pflanzen sich außerhalb und ich mich im Gewächshaus befinde. Obwohl die Pflanzen durch die Folie nur schwach zu erkennen sind, kann ich trotzdem die Pracht und Artenvielfalt erahnen.

Doch einige Schritte weiter sehe ich Menschen in silberfarbenen Schutzanzügen, die Sprühgeräte auf dem Rücken tragen. Sie gehen zwar nur zwischen den Pflanzen umher, aber es scheint mir, dass sie vorhaben, die Pflanzen mit irgendeinem Pestizid zu besprühen. Ich denke mir: „Das kann wohl nicht ihr Ernst sein. Wissen die denn nicht, dass das auch den Pflanzen schadet?" Ich muss mich über so viel Ignoranz ärgern, gehe aber trotzdem weiter. Es hat keinen Sinn, etwas zu unternehmen, da ich nicht aus dem Gewächshaus herauskomme.

Weiter vorne erkenne ich den Abgang in die untere Welt. Als ich auf ihn zugehe, sehe ich noch mal zur Seite und merke, dass hier bereits wesentlich weniger Pflanzen wachsen und die verbliebenen verbrannt aussehen. Wie ich befürchtet habe, hat das Pestizid hier schon die Pflanzen vernichtet.

Der Abgang in die untere Welt ist diesmal eine lange Treppe aus Stein. Die Treppe und auch der gerade mal mannshohe Tunnel scheinen aus purem Granit zu sein. Links befindet sich ein Holzgeländer. Obwohl ich keine Lichtquelle ausmachen kann, ist der Abgang trotzdem recht hell.

Unten angekommen betrete ich durch einen niedrigen Durchgang die untere Welt, eine riesige Höhle mit dem Pflanzenwuchs eines Dschungels. Direkt vor mir liegt ein Teich oder kleiner See. Nur über einen schmalen Grat an der Höhlenwand kann ich am See vorbeigehen. Als ich am See vorbei bin, fange ich an, schnell durch den Dschungel zu laufen. Ohne den Grund dafür zu wissen, scheine ich vor etwas davonzulaufen. Ich höre Buschtrommeln, die mich zusätzlich hetzen. Ich laufe, so schnell ich kann und springe über umgefallene Bäume und Ranken. Über einen Baumstamm springe ich in eine kleine Lichtung, in der mir ein schwarzer Panther mit stechenden Augen den Weg versperrt. Er hat die Ohren angelegt, faucht wild und schlägt mit der Pranke nach mir. Hier geht es nicht weiter. Ich weiche nach rechts aus und laufe wieder in den Dschungel hinein.

Plötzlich verlasse ich den Dschungel und befinde ich mich auf einer Wiese. Der Dschungel hinter mir ist eigentlich ein Nadelwald. Doch das Bild kommt mir sehr vertraut vor. Es ist die Wiese in der Nähe des Dorfes, das ich schon früher einmal bereist habe. Da ich an sehr vielen Erinnerungen an dieses Dorf denke, mache ich mich auf den Weg dorthin.

Der Dorfplatz ist leer. Keine Menschen sind zu sehen. Ein kleiner Braunbär, der überhaupt nicht in dieses Bild passt, geht quer über den Dorfplatz und verschwindet in einer Seitengasse. In der Mitte des Dorfplatzes steht der Brunnen. Ich gehe hin und blicke hinunter.

Aus Neugier, was sich in ihm befindet, steige ich den Brunnen hinunter, was sich als sehr einfache Übung herausstellt. Erst in zirka 20 Metern tiefe befindet sich das Wasser. Ich tauche ein, sehe nach oben und erkenne die helle Brunnenöffnung über mir. Ich tauche unter, um mich im Wasser umzusehen. Es ist stockfinster. Doch dann sehe ich die stechenden Augen des Panthers wieder vor mir. Aber ich fürchte mich diesmal nicht und schwimme auf sie zu.

Die Szene wechselt plötzlich, und ich befinde mich in einer kleinen, dunklen Höhle. In der Mitte der Höhle brennt ein Lagerfeuer und hinter dem Lagerfeuer sitzt der Panther. Er ist riesig, vielleicht drei oder vier Meter hoch.

Sein Mund bewegt sich. Er scheint mit mir zu sprechen, aber ich kann nichts hören. Als ich ihm das bemerkbar mache, legt er sich nieder. Er fordert mich dadurch auf, auf seinen Rücken zu steigen. Ich gehe an die Seite des Panthers, der an die sieben Meter lang sein dürfte. Ich klettere auf seinen Rücken gleich hinter den muskulösen Schultern.

Der Panther marschiert los. Aus meiner Position sehe ich nur seine Schultern, wie sie sich bewegen und den Kopf des Panthers, kann aber nicht erkennen, wohin wir gehen. Sehr lange geht der Panther immer geradeaus.

Erst als er stehen bleibt und ich absteige, sehe ich, wo er mich hingebracht hat.

Wir stehen direkt vor einem felsigen Abgrund. Anstelle des Himmels sehen wir direkt in den Weltraum, der gleich nach dem Abgrund zu beginnen scheint. Links sehe ich die Sonne. Doch sie leuchtet nicht hell. Es scheint, dass ich die Zukunft der Sonne in Millionen von Jahren sehe, als sie, nachdem sie sich zu einem Roten Riesenball ausgedehnt hat, zu einem weißen Zwerg zusammengefallen ist und langsam verglüht.

Gleich rechts von der Sonne befindet sich eine Galaxis, ein Spiralnebel, der sich rechtsläufig dreht. Mein Gefühl sagt mir, dass ich mich dort hinbegeben muss. Es ist ein beunruhigendes Gefühl, weil ich erstens nicht von hier weg will und zweitens nicht weiß, wo ich in dieser Galaxis landen soll. Doch es nutzt nichts, ich muss dorthin.

Ganz von alleine hebe ich vom Boden ab und drifte langsam Richtung Spiralnebel. Ich blicke zurück nach unten und sehe, dass mir der Panther noch etwas nachsieht, sich dann umdreht und zurükkgeht. Ich blicke wieder in Richtung Spiralnebel. Wo soll ich nur hin? Wo werde ich landen, wo bekomme ich wieder festen Boden unter den Füßen? Das beunruhigende Gefühl begleitet mich.

Ich drehe mit noch mal um, um zurückzusehen. Ich kann die Erde als Ganzes sehen. Doch der Abgrund, von dem aus ich gestartet bin, ist der Rand eines riesigen Kraters. Es scheint, dass eine gewaltige Explosion ein Loch in der Größe eines ganzen Kontinents in die Erde gerissen hat. Der Rest der Erde sieht zwar intakt aus, aber das Innere der Erde glüht nicht. Wenn das Innere ausgekühlt ist, ist es wohl nur eine Frage der Zeit, bis die Erste im Weltall vereist und alles Leben erfriert.

Es gibt also kein Zurück mehr. Die Erde stirbt. Es gilt für mich, eine neue Heimat zu finden. Doch wo wird das sein? Das beklemmende Gefühl der Heimatlosigkeit verstärkt sich Zunehmens.

Um mit der Situation besser fertig zu werden, will ich meine Situation akzeptieren und strecke meine Hände in Richtung des Spiralnebels aus. Doch es ist gar keine echte Galaxis, die Galaxis vor mir hat nur einen Durchmesser von nicht mehr als einen Meter. Und sie befindet sich auch direkt vor mir, ich kann die Galaxis greifen. Als ich aber nach ihr greifen will, wird sie noch kleiner. Ich versuche sie zu erhaschen, sie schrumpft und schrumpft, bis sie in meinen Handflächen völlig verschwindet.

Ich sehe meine leeren Hände. Doch auch meine Hände sind nicht normal. Sie sind außergewöhnlich dick. Ich sehe meinen Körper hinab. Alles an mir ist dick. Nein, ich bin ein Kind, ein Baby. Ein ungeborenes Baby im Bauch seiner Mutter. Ich kann meine Rückwärtsentwicklung betrachten. Ich schrumpfe, meine Hände werden durchscheinend, und ich kann die feinen Äderchen erkennen. Ich werde zum Fötus.

Ich reise in mich selbst hinein und wandere durch den Babykörper in die Nabelschnur. Mit rasender Geschwindigkeit folge ich den Windungen. Und dann …

AUS.

Ich befinde mich plötzlich wieder vor der Höhle zur unteren Welt in der Nähe meines Kraftplatzes. Ich kann auch den Baum von hier aus sehen.

Der Panther und auch der Puma, den ich meinen ersten schamanischen Reisen zu meinem Krafttier gewählt habe, beide sind bei mir. Ich bin noch etwas verstört über den Verlauf meiner Reise. Die beiden Raubkatzen sehen mich nur wissend an.

Da mich beide Tiere bis zu meinem Kraftplatz begleitet haben, frage ich sie, wer denn nun mein Krafttier sei. Die Beiden blicken in Richtung Waldrand. Der helle Fleck, den ich am Anfang meiner Reise gesehen habe, ist wieder hier. Das soll also mein Krafttier sein? Ich frage, ob es sich mir zu erkennen geben wird. „Später", antwortet der Panther.

Da ich nicht mit leeren Händen dastehen will, frage ich die beiden, ob das für sie okay ist, wenn ich nun sie beide als Krafttiere habe, bis sich mir mein wahres Krafttier zeigt. Beide sagen, dass das klar geht. Der Puma meint aber, dass er jetzt weg muss und geht. Ich spüre, dass er enttäuscht ist. Ich glaube nicht, dass er wiederkommt.

Nun, da ich mit dem Panther alleine bin, frage ich ihn, warum er mich in der unteren Welt angebrüllt hat. Er meint nur ganz schelmisch: „Ich wollte dich nur etwas erschrecken!"

Ich verabschiede mich vom Panther, noch nicht sehr herzlich, da wir uns noch nicht so gut kennen. Ich gehe zum Baum und lehne mich mit einer Hand an ihn, um seine Rinde zu spüren. „Das war ganz schön heftig", sage ich. Der Baum antwortet nur kurz: „Ja, so ist das eben!"

Reise in die obere Welt, Suche nach dem geistigen Führer
Steyr, Seminar Schamanisches Reisen, Kurt Brückler
25.5.2002, 11:00
Geführte Reise, Schamanische Trommel.

Am meinem Kraftplatz treffe ich den Panther, der mich nun zu begleiten scheint. Der Berglöwe taucht nicht auf. Also mache ich mich mit meinem neuen Krafttier auf die Reise. Der Geist des Windes verhilft uns zu einem rasanten Aufstieg. Wir werden förmlich in die Höhe gerissen. Ich sehe, wie der Panther völlig unkontrolliert durch die Luft wirbelt und muss lachen.

Obwohl Kurt eine Reise mit einem Flug über eine Brücke führt, ist bei mir schon bei der Wolkendecke Schluss. Der Panther und ich landen auf den Wolken, die zwar flauschig weich aber trotzdem tragfähig sind. Die Wolken bilden einen langen Weg, an dessen Ende wir die Mauern einer Stadt erkennen können. Der Panther und ich sehen uns verdutzt an. Anscheinend kennt der Panther die obere Welt auch nicht besser als ich. Wir marschieren los, um das Geheimnis dieser Stadt zu lüften.

Als wir uns nähern, kann ich viele Türme erkennen, meist Zwiebeltürme, die allesamt aus Gold sind. Die Stadt sieht ein bisschen wie das Taj-Mahal aus, nur größer und völlig aus Gold gebaut. Ein mächtiges Tor verschließt die Stadtmauern. Wir stoßen es auf und erhalten den ersten Einblick in die Stadt. In der Stadt sind viele Gebäude zu erkennen, von einfachen Häusern bis aufwendigen Tempeln und Moscheen. Aber eines haben sie gemeinsam, sie sind alle aus Gold. Sogar die gepflasterten Wege, Fahrzeuge, alles, was zu sehen ist, ist aus Gold.

Nein, doch nicht ganz alles, die Menschen nicht. Sie tragen normale Gewänder, obwohl die eher in den Orient oder nach Marakesh passen. Die Leute scheinen mich zu kennen, sie winken mir zu und freuen sich, dass ich auch endlich gekommen bin. Verdutzt sehe ich zum Panther. Der sieht mich jedoch selbst nur fragend an. Der Panther bietet übrigens durch sein schwarzes Fell einen guten Kontrast zum goldenen Weg, auf dem wir wandern.

Als wir weitergehen, sehe ich links in einer Seitengasse mein Bauerndorf, dass ich mittlerweile schon das dritte Mal sehe. Nur ist dieses Mal der gesamte Dorfplatz vergoldet. Auch der Brunnen in der Mitte des Platzes, zu dem ich hingehe. Ich blicke in den Brunnen hinein um zu erkennen, dass der Brunnen innen ebenfalls vergoldet ist und anstelle des Wassers sich auch flüssiges Gold befindet. Da ansonsten aber nichts im Brunnen zu erkennen ist, wandere ich mit dem Panther weiter.

Wir kommen an ein Gebäude ähnlich einem Tempel mit goldenen Säulen und einer goldenen Treppe, die sich über die ganze Vorderseite des Gebäudes erstreckt. Das Gebäude kenn´ ich doch. Es handelt sich um eine Exakte Kopie des Lincoln Memorials in Washington, nur dass es, was sonst, völlig aus Gold ist. Und als ich die Treppe hinaufgehe, sehe ich auch die riesige Lincoln-Statue im inneren, die ihn auf einem Sessel mit Armlehnen sitzend zeigt. Ich bin verwirrt, was soll das jetzt bedeuten, soll Er mein geistiger Führer sein? Obwohl ich mir blöd dabei vorkomme, frage ich die Statue danach. Die riesige Statue beugt sich zu mir herunter, tippt sich mit dem Finger an die Stirn und sagt nur: „Das glaubst du doch nicht wirklich, Scherzkeks!“ Ich muss schmunzeln über diese Bemerkung und gehe weiter.

Hinter der Statue sehe ich einen kleinen, rechteckigen Eingang in das Memorial, das nun eher wie eine Moschee wirkt. Ich gehe hinein, und das erste Mal, seit ich in der Stadt bin, sehe ich nicht nur Gold. Hier im Inneren sehe ich schemenhaft Steinwände, doch ist es zu dunkel, um irgendetwas näher zu erkennen. Der Raum ist Rund, mindestens 50 Meter im Durchmesser und 30 Meter hoch, eine riesige Kuppel mit nur einem kleinen Loch an der Decke, durch das ein Lichtstrahl in die Mitte des Raumes fällt. Abgesehen von diesem Lichtstrahl ist es dunkel. Ich gehe in die Mitte und, da ich nicht weiß was ich tun soll, setze mich nieder und warte.

Obwohl ich wegen der Finsternis nichts sehen kann, merke ich, dass mich jemand beobachtet. Schließlich höre ich auch Schritte, wie jemand um mich herumgeht. Es ist ein Mann, vielleicht 35 Jahre alt, mit einem weißen Turban, der nun aus dem Dunkel auftaucht und in den Lichtstrahl tritt. Er fragt mich freundlich, was ich hier tue. Ich antworte ihm, dass ich auf der Suche nach meinem geistigen Führer bin. Er hält mir Spielkarten entgegen, auseinander gefächert, damit ich eine Karte ziehen kann. Ich ziehe also eine und sehe sie mir an. Es handelt sich um den „grünen Bauer", der im Schnapskartenspiel vorkommt. Es ist wie bei dem Kartenspiel, dass ich oft bei meinen Großeltern gespielt habe, das „grün´ Bauer suchen", bei dem man vermeiden muss, dass man eben diesen bekommt.

Auf meine Frage, ob er mein geistiger Führer ist, antwortet der Mann nicht. Er zieht sich in die Dunkelheit zurück, also mache ich mich auch auf, diesen Ort über einen Ausgang auf der gegenüberliegenden Seite zu verlassen.

Am Fuße einer Treppe, die sich beim Ausgang befindet, wartet bereits der Panther auf mich. Ich zeige ihm die Karte, aber er kann mir nicht weiterhelfen, was sie zu bedeuten hat. Ich setze mich auf die Stufen, da ich nicht weiß, wie es weitergehen soll.

Plötzlich werde ich mit einem Ruck wieder zurück in die Moschee gerissen. Ein offensichtlich mongolischer Wächter mit einem Schwert blickt auf mich herunter, da ich durch den „Flug" auf dem Rücken gelandet bin. Schroff fragt er mich, was ich hier tue. Ich erkläre ihm meine Situation, dass ich auf der Suche bin. Er antwortet mir nur, dass es verboten ist, auf der Treppe herumzulungern. Er entlässt mich wieder, und ich gehe hinaus auf die Straße.

Nachdem der Panther und ich eine Weile recht ratlos herumgestanden sind, nähert sich uns eine Person. Es handelt sich um den Dalai Lama. Ich bin verständlich überrascht, eine derart berühmte Person zu treffen, und gebe wohl eine recht dumme Figur ab. Lächelnd fragt mich der Dalai Lama, ob er mir helfen kann. Ich sage ihm den Zweck meiner Reise und zeige auch ihm die Karte, die ich bekommen habe. Während er die Karte schmunzelnd betrachtet, überlege ich, ob ich ihn fragen soll, ob er mein geistiger Führer ist, doch glaube ich, dass es noch zu früh ist, ihm diese Frage zu stellen.

Der Dalai Lama sagt nichts über die Karte, sondern fragt mich, ob ich mir die Stadt schon angesehen habe und schlägt vor, mich ein bisschen herumzuführen.

Wir gehen durch die Stadt, vorbei an vielen tempelartigen Gebäuden aus Gold, jedoch kann man in keines hineinsehen. Ich fasse schließlich doch meinen Mut zusammen und frage ihn recht schüchtern, ob er mein geistiger Führer ist.

„Du kannst Dir aussuchen, wer Dein geistiger Führer sein soll", ist seine Antwort und er führt mich an einen Platz, auf dem aufgereiht zirka zwanzig Glasschaukästen stehen. In jedem Schaukasten befindet sich ein Mensch, die Gestalten wirken aber wie aus einem Wachsfigurenkabinett. Ich blicke durch die Reihe und erkenne zwei von ihnen: Mutter Theresa und Charlie Chaplin.

Das sollen meine geistigen Führer sein? So soll ich meinen Führer mir selbst aussuchen. Sterile Gestalten in Schaukästen, die ich wie in einem Spielzeugladen nur mitzunehmen brauche?

Das kann nicht richtig sein, so einfach will ich es mir auch wieder nicht machen. Ich sage dem Dalai Lama, dass ich mir meinen Führer nicht aussuchen will, sondern dass er sich mir zeigt. Offensichtlich zufrieden mit meiner Antwort legt er seine Hand auf meine Schulter und wir gehen weiter.

Nur ein paar Schritte weiter kommt uns ein Mann entgegen. Mit seinen langen Haaren, seinem Bart und seinem Gewand sieht er aus wie Jesus. Ist er es wirklich? Ganz baff bringe ich kein Wort über die Lippen, als er mir beim Vorbeigehen ein Bündel Stoff in die Hand drückt. Als er vorbei ist, frage ich den Dalai Lama, ob das tatsächlich Jesus war. Er nickt lächelnd. „Er hat meistens sehr wenig Zeit", merkt er noch an.

Ich öffne das Stoffbündel und erkenne, dass es sich eigentlich um einen Umhang handelt. Es ist ein großes Leinentuch in gebrochenem Weiß. Ich hänge mir das Tuch um. Als der Dalai Lama aber etwas ablehnend darauf reagiert, rolle ich den Umhang wieder zu einem Knäuel zusammen.

Der Dalai Lama führt mich zu einem Tempel, einem Steinplateau mit Stufen ringsum und einer Art Gebetsstätte in der Mitte. Er packt mich mit einer Hand und hebt mich hoch. Gleichzeitig schießen der Tempel in die Höhe und die Hand des Dalai Lamas in die Länge. In dem steilen Aufstieg schafft es der Dalai Lama gerade noch, mich auf die Stufen der Steintreppe zu stellen. Als er mich darauf abstellt, bleib das Gebäude in der Höhe plötzlich stehen.

Ich gehe noch ein paar Stufen weiter nach oben und drehe mich um.

Am Fuße des Tempels stehen plötzlich sehr viele Menschen, darunter der Lama, Mutter Theresa, Charlie Chaplin und auch Jesus. Anscheinend haben sich die geistigen Führer versammelt und warten darauf, dass ich etwas sage.

Doch ich weiß nicht, was. So stehe ich nur stumm da und warte, was passiert. Doch die Leute wollen etwas von mir hören und da ich nichts sage, gehen sie wieder weg. Ich setze mich, enttäuscht von mir selbst, dass ich nicht wusste, was ich mit dieser Situation anfangen sollte. Ich ärgere mich über meine geringe Erfahrung mit der spirituellen Welt. Die Anderen in unserer Meditationsrunde hätten sicher gewusst, was sie in dieser Situation zu tun haben.

So will ich diesen Platz zumindest für einen Überblick über die Stadt nutzen. Von hier oben hat man einen wundervollen Ausblick über die Stadt. Ich kann über die Häuser und Gärten, die es hier auch zu geben scheint, hinweg bis an die Grenzen der Stadt sehen. Ein wundervoller Anblick. Es gibt unzählige große Gebäude in dieser Stadt, die so etwas wie Museen zu sein scheinen.

„Gehen wir wieder weiter", ruft der Dalai Lama, der anscheinend am Fuße des Tempels die ganze Zeit auf mich gewartet hat. Neben ihm steht auch mein Panther. Ich gehe hinunter und wir wandern weiter.

Ich frage den Dalai Lama, ob er bei mir bleibt als mein spiritueller Führer und ob ich ihm eine Frage über mein Leben stellen kann. Er antwortet: „vielleicht das nächste Mal." Er verabschiedet sich von mir und verschwindet in einer Seitengasse.

Etwas deprimiert noch von der Erfahrung am Tempel hülle ich mich in den Umfang von Jesus und setze mich auf die Stufen eines Gebäudes, bei dem wir gerade stehen. Der Panther steht vor mir und sieht mich mitleidig an.

Ein Wächter wie jener des Gebäudes, in dem ich die Spielkarte bekommen habe, steht mit seinem Schwert hinter mir. Doch noch bevor er etwas tun kann, sage ich, dass wir gleich weg sind und er sich nicht aufzuregen braucht. Zwar etwas erstaunt aber doch mit meiner Antwort zufrieden, zieht sich der Wächter wieder zurück.

Was mag wohl in diesen Gebäuden sein, dass sie so gut bewacht werden? Gerade da es so viele Häuser in dieser Stadt gibt, nehme ich mir vor, öfters hierher zu kommen, um vielleicht einmal in eines oder mehrere dieser Gebäude sehen zu dürfen.

Nachdem es schon recht spät ist, machen sich der Panther und ich auf den Weg zurück. Als wir am Stadttor ankommen, sehe ich einen Kleiderhaken an der linken Seite und beschließe, hier den Umhang aufzuhängen, damit ich ihn das nächste Mal wieder finde.

Über den Wolkenweg und dem Flug mit dem Wind kommen wir wieder zurück zu meinem Kraftplatz. Dort angekommen frage ich den Panther, was er von unserer Reise hält und was das alles zu bedeuten hatte, vor allem die lächerliche Situation mit den Glaskästen.

Er sagt: „Ich kann Dir da auch nicht helfen. Meine Welt ist die untere Welt. Dort oben kenn´ ich mich auch nicht so gut aus."

Wir verabschieden uns und der Panther läuft zum Waldrand. Dort erwartet ihn der Puma. Obwohl die beiden weit weg sind, kann ich trotzdem hören, dass sie sich unterhalten. „Und, was sagst du", fragt der Puma, als sie prüfend zu mir herunter sehen. Der Panther antwortet: „Mal seh´n".

Zweite Reise in die untere Welt, erste ungeführte Reise
Steyr, Seminar Schamanisches Reisen, Kurt Brückler
26.5.2002, 9:30
Ungeführte Reise, Schamanische Trommel.

Das Gefühl, ungeführt auf die Reise zu gehen, ist doch etwas seltsam. Ich tue mir am Anfang etwas schwer, mir das Begrüßungszeremoniell zurecht zu legen. Doch es geht mit der Zeit. Ich nehme mir ganz bewusst vor, nicht übereilt in die Reise zu stürzen.

Ich gehe an meinen Kraftplatz. Der Eintritt in den Baum, ganz ohne Führung, ist noch etwas verhalten, und ich muss mich konzentrieren, nicht zu sehr nachzudenken, was ich jetzt eigentlich tun soll. Ich will mein Krafttier, den schwarzen Panther, rufen. Doch es erscheint ein weißes Pferd, das über die Wiese galoppiert. Ich muss an den hellen Fleck am Waldrand denken, den ich in einer der letzten Meditationen gesehen habe. Ist das mein wahres Krafttier? Ich will das Pferd fragen, aber es bleibt nicht stehen. Es galoppiert, mit wehender Mähne, an mir vorbei.

Schließlich versuche ich, mich wieder auf den Panther zu konzentrieren. Etwas widerwillig, wie es mir scheint, kommt er auch schließlich zu mir. Gemeinsam gehen wir zum Eingang in die untere Welt.

Der Eingang ist dieses mal an der Seite des Berges. Die Höhle ist sehr breit, der Weg geht schräg nach unten über viele Felsen. Der Panther und ich müssen über diese Felsen klettern.

Wir gelangen in einen beleuchteten Tunnel. Er ist hell, aber nicht strahlend. Während wir den Tunnel entlang gehen, merke ich, dass es sich anscheinend um einen Kanalisationstunnel handelt, und ich gehe einen Graben in der Mitte des Tunnels entlang, in dem das Abwasser läuft.

Der Graben beginnt sich ganz von selbst nach unten zu neigen, und aus dem Gang wird eine recht steile Rutsche. Das ist also der Weg nach unten. Die Wände sind glitschig, und ich kann mich nicht festhalten. Ich will es auch nicht, schließlich möchte ich ja in die untere Welt reisen. Die Rutschfahrt wird nicht sehr schnell, obwohl die

Rutsche ziemlich steil ist. Irgendwas scheint mich zu bremsen, damit ich nicht zu schnell werde.

Am unteren Ende der Rutsche angekommen, wartet der Panther auf mich, um mich in seine Welt zu führen. Wir ziehen los in den prächtigen Dschungel mit hohen, nicht zu durchsehenden Pflanzen, die den Blick nach vorne stets verdecken.

Wir gelangen an ein Amphitheater. Es ist niemand zu sehen, keine Menschen, keine Tiere, nur ringsum der Dschungel. Ich steige in die Publikumsränge und sehe hinunter auf die Bühne. Der Panther betritt die Bühne und beginnt zu sprechen. Unsicher, ob er mich auf diese Entfernung überhaupt hören kann, frage ich ihn, ob er nun wirklich mein Krafttier sei, und was der Schimmel am Kraftplatz zu bedeuten habe. Ohne etwas zu sagen und sichtlich gekränkt verlässt er die Bühne. Ich fühle mich blöd, die Frage überhaupt gestellt zu haben und folge dem Panther.

Er führt mich zu einem See mitten im Wald (Es ist jetzt ein heimischer Wald, nicht mehr der Dschungel). Ich nutze die Gelegenheit, um zu schwimmen. Als ich ein paar Meter hinausgeschwommen bin, springt mich von hinten der Panther an und taucht mich unter Wasser, um mit mir zu spielen. Wir tollen herum und balgen unter und über Wasser. Voll Freude, mich mit dem Panther wieder versöhnt zu haben, steige ich aus dem See. An einer etwas weiter entfernten Stelle des Ufers sehe ich einen Wasserfall.

Ich denke mir, dass das eine perfekte Gelegenheit ist, mich innerlich zu reinigen. Ich gehe hinüber und trete unter den Wasserfall. Ich will einige schlechte Eigenschaften wegwaschen, darunter wieder einmal meine Trägheit und Unentschlossenheit. Ich drehe den Kopf nach oben in das prasselnde Wasser. Ich öffne den Mund, und das Wasser sammelt sich rasch in meinem Bauch wie in einem Wasserballon. Schließlich zerplatzt mein Bauch auch wie eine Wasserbombe und rund um mich, auf der Steinplatte, auf der ich stehe, zappeln Fische im Trockenen, die anscheinend in meinem Bauch waren. Jeder dieser zirka 15 cm großen Fische trägt ein Wort auf seiner Seite. Ich kann die Wörter zwar nicht lesen, ich weiß aber, dass es meine schlechten Eigenschaften sind.

Ich drehe mich zur Seite, und links neben mir steht der Panther, der sich ebenfalls abwaschen will. Ich sehe, dass Flöhe in seinem Fell hüpfen und will ihm helfen, diese loszuwerden. Ich wasche ihn, und die Flöhe scheinen tatsächlich wegzugehen. Das Gesicht des Panthers wird während ich es wasche ganz weiß. Ich wische über das nasse Fell, und die schwarze Färbung kehrt zurück.

Nach der Reinigung bitte ich den Panther, mir noch etwas zu zeigen. Er führt mich wieder in den Wald. Ein paar hundert Meter weiter sehe ich einen Ameisenhaufen. Auf der Spitze des Haufens steht eine einzelne Ameise. Der Haufen sieht toll aus, und ich beschließe, mich auf die Größe einer Ameise zu verkleinern, um ihn mir genauer anzuschauen.

Dort angekommen sehe ich, dass die Ameise am Hügel den Eingang bewachen soll. Sie steht aufrecht auf den hinteren vier Beinen und trägt einen Stahlhelm. Ganz offensichtlich handelt es sich also um einen Soldaten. Ich blicke die Seiten des Hügels hinunter. Die Flanken sehen aus dieser Perspektive sehr öde aus. Da die Ameise anscheinend bemerkt, dass mir den Anblick nicht sehr gefällt, erklärt sie mir, dass die öde Fläche wichtig für die Verteidigung sei, da so ein Angreifer viel rascher erkannt und vernichtet werden kann.

Ich antworte der Ameise, dass diese Verteidigungsstrategie überhaupt nichts nutzt, wenn ich mit meinem Fuß auf den Hügel trample. Da die Ameise etwas ungläubig schaut, will ich ihr demonstrieren, was ich meine. Es erscheint ein überdimensionaler Turnschuh (aus dieser Perspektive überdimensional, tatsächlich handelt es sich um die Originalgröße), der sich über dem Ameisenhügel senkt.

Die Ameise erschickt fürchterlich und hat panische Angst. Ganz offensichtlich hat sie eine derartige Bedrohung noch nie erlebt, und weiß nicht, wie sie darauf reagieren soll. Der riesige Fuß stellt eine Bedrohung dar, mit der die Ameise nicht gerechnet hat und gegen die es keine Abwehrmaßnahme gibt. (Ich stelle hier eine Parallele zu meiner Arbeit fest, in der ich Sicherheitskonzepte für Computernetzwerke entwickle. Auch hier muss man mit immer neuen und bisher unbekannten Bedrohungsbildern rechnen).

Ich ziehe auch Parallelen zum täglichen Leben und zur Politik. Wie können wir reagieren, wenn wir mit einer übermächtigen Bedrohung konfrontiert werden? Wie können wir uns wehren? Gar nicht!

Was ich anfangs etwas aus Jux gegenüber der Ameise geplant hatte, deprimiert mich jetzt selbst.

Ich sage dem Panther, dass ich hier weg möchte, er soll mir etwas neues zeigen. Ich steige auf den Rücken des Panthers und wir starten los, um den Wald zu verlassen. Der Ritt führt über eine weite Ebene mit flachen Gräsern, die zu beiden Seiten von schneebedeckten Bergen eingegrenzt wird. Das Gras wird heller und heller, bis ich völlig geblendet bin.

Als die Blendung nachlässt, fliegen wir über ein Gletschergebirge. Wir fliegen zwischen den Bergspitzen hindurch. Ein herrliches Panorama eröffnet sich uns.

Durch eine kleine Unachtsamkeit (ich weiß nicht, ob ich oder der Panther unachtsam war) stürzen wir ab und landen im tiefen Schnee. Da ich mich nicht verletzt habe, finde ich das Ganze recht amüsant und muss lachen. Vor allem als der Panther aus dem Schnee auftaucht und ein lustiges Schneehäubchen auf dem Kopf hat. Während ich noch herzlich lache, kehre ich den Schnee von seinem Kopf.

Der Panther findet das überhaupt nicht komisch. Er wirkt sehr verstört und sagt: „ Wir müssen jetzt weg von hier". Rechts von mir öffnet sich ein Torbogen mitten im Himmel, aus dem ein helles, goldenes Licht scheint. Wir kriechen aus dem Schnee und gehen durch den Torbogen in die dahinter liegende Halle. Es scheint, dass wir uns in einer Kathedrale oder einem alten Museum befinden. Die Halle ist im gotischen Stil mit steinernen Säulen und Spitzbogen an der Decke. (Zu dieser Zeit weist uns Kurt darauf hin, dass wir zurückreisen sollen).

Der schöne Anblick dieser Halle wird durch die schlechte Stimmung des Panthers gestört. Als ich ihn, während wir durch die Halle gehen, ansehe, merke ich, dass er sehr betrübt zu sein scheint. Mich befällt ein sehr trauriges Gefühl, eine Art Trennungsschmerz liegt mir im Magen. Diese Traurigkeit begleitet uns auf unserem Weg durch die Halle und den Aufstieg über die Felsen der Steinhöhle, bis wir an meinem Kraftplatz angekommen sind.

Während ich mich vom Panther verabschiede, empfinden wir beide noch diese Trauer um eine Trennung. Doch es ist nicht die Trauer, dass wir uns nicht wieder sehen werden. Nein, es scheint, dass wir etwas in der unteren Welt zurückgelassen haben, das uns fehlt.

Ich hoffe, dass ich erfahren werde, was es ist. Und noch mehr hoffe ich, dass die Trennung nicht auf ewig sein wird, egal, wovon wir uns getrennt haben. Als ich erwache, habe ich noch Reste dieser traurigen Gefühle in mir, die vor allem bei der Nachbesprechung wieder auflodern. Erst zu diesem Zeitpunkt wurde mir auch wieder bewusst, dass die Frage, was der Schimmel zu bedeuten hatte, nicht beantwortet wurde. Als positives Ergebnis wurde mir aber der Panther als mein Begleiter bestätigt, auch wenn er dazu neigt, seine Farbe zu verändern.

Zweite Reise in die obere Welt, erneute Suche nach dem geistigen Führer

Steyr, Seminar Schamanisches Reisen, Kurt Brückler

26.5.2002, 12:30

Ungeführte Reise, Schamanische Trommel.

Der Ruf der Geister bringt mir ein sehr intensives Gefühl, dass ich begleitet werde.

Der Baum an meinem Kraftplatz erscheint sehr prächtig, ist voller saftig grüner Blätter. Als ich in den Baum eintrete, spüre ich das erste Mal, wie stark und weitreichend seine Wurzeln sind. Ich kann sogar das kleine Rinnsal spüren, aus dem er Wasser zieht.

Aus der üblichen Richtung kommt mein Krafttier, der schwarze Panther. Er wirkt sehr groß, breiter und muskulöser als sonst. Er symbolisiert die Kraft, die in ihm steckt. Trotzdem hat er an den Flanken einige weiße Flecken, die ihn aber nicht weiter zu stören scheinen. Ich begrüße ihn, vereinige mich mit ihm, fühle ganz deutlich seine Stärke. Wir laufen die Wiese entlang und rufen gemeinsam den Windgeist. Er hebt uns an, immer noch vereint, und trägt uns nach oben. Die Welt wird immer kleiner unter mir, ich spüre den Wind, der mich trägt. In der Wolkendecke angekommen, bleibe ich immer noch im Körper des Panthers.

Wie bei meiner letzten Suche nach meinem geistigen Führer breitet sich der weiche Wolkenteppich vor mir aus, mit einigen Löchern darin, und am Ende des Weges sehe ich die goldene Stadt, Shangrilla. Doch auf der rechten Seite, nicht weit weg von mir, fällt mir eine weiße Gestalt auf. Zuerst denke ich, es sei ein Engel. Doch die Gestalt hat keine Flügel, trägt aber ein langes, weißes Gewand. Die Haare sind blond. Ich gehe auf die Gestalt zu, und trotz der jugendlichen Gestalt sehe ich das Gesicht eines schon etwas älteren Mannes mit einem kräftigen Vollbart. Das faltige, etwas ungepflegt anmutende Gesicht, vergleichbar mit einem Obdachlosen, steht im Widerspruch zur eleganten Gesamtgestalt und dem reinweißen Gewand. Ich will ihn ansprechen, aber er zeigt nur freundlich Richtung Stadt, also begebe ich mich auf den Weg.

Ich komme am goldenen Tor an und stoße es auf. Rechts vom Tor hängt der Umhang, den ich bei meinem letzten Besuch von Jesus bekommen habe und hier am Kleiderhaken an der Wand zurückgelassen habe. Diesmal ist er aber nicht naturweiß, sondern strahlend weiß mit einer goldenen Umrandung. Ich werfe mir, immer noch in Panthergestalt, den Umhang um und gehe in die Stadt. Die Leute erschrecken sich, und ich erkenne, dass es an der mächtigen Gestalt des Panthers liegt. Also verlasse ich mein Krafttier, um die Leute zu beruhigen. Zusätzliche lege ich dem Panther eine starke, goldene Kette mit großen Gliedern an. Die Leute sind beruhigt und gehen wieder ihren Beschäftigungen nach.

Die Stadt erscheint diesmal nicht nur in reinem Gold, sondern es sind auch andere Farben, vor allem das Grün von Pflanzen ist zu sehen. Ich bin auf der Suche nach dem Tempel, um, entsprechend Kurts Rat, von diesem Platz aus meinen geistigen Führer zu rufen. Ich sehe den Tempel auch schon recht bald und gehe auf ihn zu. Links vor dem Tempel, ungefähr dort, wo letztes Mal die Schaukästen mit meiner „Auswahl" an geistigen Helfern waren, befindet sich eine Cafeteria, in der viele Leute auf einer Art Terrasse sitzen. Ich gehe an ihnen vorbei zum Tempel.

Jedoch stellt sich heraus, dass der Tempel diesmal erhöht ist. Die ersten Stufen sind in zirka zwei Metern Höhe, also nicht direkt erreichbar. Ich denke mir, dass es irgendwo einen Eingang geben muss, also suche ich ihn. An der rechten Seite befindet sich tatsächlich ein rechteckiger Eingang, und ich betrete ihn.

Das Innere ist ziemlich dunkel und diffus, aber komplett hohl. An einer Seite sehe ich Getreidekörner. Ich gehe hin, schöpfe mit beiden Händen Körner und rieche an ihnen. Sie duften nach Heu. Ich lege die Körner zurück und suche weiter. Plötzlich sehe ich genau in der Mitte dieser pyramidenförmigen Halle eine Leiter stehen. Ich sehe nach oben und erkenne eine Öffnung, aus der die Leiter ragt. Ich will nach oben klettern, aber das geht nicht, da ja mein Panther mitgekommen ist, und der kann natürlich nicht an der senkrecht stehenden Leiter hochklettern. Zudem habe ich die goldene Kette um mein Handgelenk, also kann ich auch nicht alleine gehen, auch wenn ich es wollte. Also verlassen wir das Innere des Tempels wieder.

Wir gehen zur Cafeteria. Mit sticht ein Chinese ins Auge. Er trägt ein traditionelles Seidengewand in bunten Farben. Die Stofffarbe ist irgendwo zwischen Silber und Gold mit blauen und roten Blumen. Sein Haar ist schwarz und in einen langen Pferdeschwanz gebunden. Er trägt einen passenden, spitzen Bart und am Kopf ein rotes Käppchen. Ich spreche ihn an, kann mich aber nicht mehr genau an die Frage erinnern. Auf jeden Fall wollte ich an seiner Weisheit teilhaben. Er sagt: „Was mein Volk in Tausenden Jahren erlernt hat, kann ich dir nicht in fünf Minuten erklären". Aber er gibt mit den Tipp, dass nicht alles so sichtbar ist, wie es unseren Augen erscheint.

Na klar, eine unsichtbare Treppe! Und tatsächlich finde – erfühle – ich einer Treppe, über die ich die Stufen des Tempels erreichen kann. Ich klettere die ersten Stufen hinauf, drehe mich um Richtung Cafeteria und rufe, wer denn mein geistiger Lehrer sei.

Ich kriege vorerst keine Antwort. Doch plötzlich taucht von unten Elfriede (eine der Seminarteilnehmerinnen) freudig aufgeregt vor mir auf und zeigt nach links. Ich sehe hinüber und sehe an einer Steinwand eine schwarz verhüllte Gestalt auf einem Stuhl sitzen. Erfreut, den Hinweis bekommen zu haben, gehe ich zu der Person hinüber. Obwohl die Person komplett durch das lange, schwarze Kleid verhüllt ist und auch das gesamte Gesicht durch einen schwarzen, schweren Stoff verdeckt ist, weiß ich, dass eine sich um eine Frau handelt.

Sie erhebt sich, um mich beim Gang durch die Stadt zu begleiten. Ich denke mir, dass ihr mit dieser Kleidung und vor allem dem Schleier sehr heiß werden muss und sie doch nichts sehen kann. Doch dem scheint nicht so zu sein.

Wir kommen an einem Tempel ähnlich der Akropolis vorbei, in der ich zwischen den Säulen den Spiralnebel sehen kann, der mir in einer früheren Vision in der unteren Welt erschienen ist. Der Nebel ist vom dunklen Weltall umgeben und füllt beinahe den gesamten Tempel aus. Ich frage die Gestalt, ob es sich tatsächlich um meine Vision handelt, die in diesem Tempel aufbewahrt wird. Die Gestalt bejaht meine Frage. Ich frage: „Warum, sind meine Visionen denn so wichtig, dass sie hier aufbewahrt werden" und denke mir, dass es ziemlich übertrieben ist, ein ganzes Haus für diese eine Vision zu bauen. Die Gestalt sagt aber erstaunt, dass natürlich meine Visionen wichtig sind. Ich höre ein Geräusch und drehe mich um, als ein großer Steinbrokken vom Tempel abbricht und auf den Boden kracht.

Erschrocken denke ich mir, dass ich die Bedeutung meiner Vision besser nicht mehr in Frage stelle. Vor allem will ich nicht, dass durch meine Ungläubigkeit der ganze Tempel einstürzt.

Wir gehen weiter in Richtung eines kleinen Gartenbeetes, das zwischen einigen Steinmauern eingebettet ist. Es scheint, dass verschiedene Gemüsesorten wachsen, ich erkenne aber keine davon. Die Gestalt fragt mich, ob ich die Pflanzen kenne, die hier wachsen. Ich sehe sie mir an, befühle eine mit dicken, behaarten Blättern, die denen eines Huflattichs ähneln. Ich antworte, dass ich mit Pflanzen nicht sehr viel anfangen könne (was in der tatsächlichen Welt nicht in dieser heftigen Form stimmt. Jedoch kenne ich tatsächlich sehr wenige Pflanzen beim Namen). Die Gestalt antwortet, dass das schade ist, weil man von den Pflanzen sehr viel erfahren kann. Sanft streicht sie mit der Hand über einige Pflanzen.

Von hinten scheint ein helles, weißes Licht auf uns. Die Gestalt dreht sich um und blickt nach oben. Der Schleier verschwindet, und ich sehe das zarte Gesicht einer Frau. Ich erkenne sie, obwohl ich sie noch nie vorher in dieser Gestalt gesehen habe. Es ist Maria, die Mutter Jesu.

Ich bin ganz euphorisch, sie treffen zu dürfen.

Zu diesem Zeitpunkt muss Daniel, der bei der Meditation neben mir liegt, husten. Zu meiner eigenen Überraschung falle ich aber nicht aus meiner Meditation heraus. Im Gegenteil, ich kann rechts vom Garten im Schatten eines Baumes einen riesigen, liegenden Löwen erkennen, der krank zu sein scheint (der Löwe ist Daniels Krafttier, er sieht selbst mit seinen langen, lockigen Haaren ein bisschen wie ein Löwe aus). Maria dreht sich zum Löwen und streicht mit der Hand über dessen Rücken, um ihn gesund zu machen. Ich spüre geradezu, wie ihn die Berührung tatsächlich heilt.

Da muss ich an meinen Panther und seine weißen Flecken denken. Obwohl ich seine Begleitung seit dem Tempel nicht wahrgenommen habe, steht er doch neben mir. Ich bitte Maria, auch ihm zu helfen.

Maria meint: „Das ist doch nur Schimmel, den kann man wegwischen“, und beginnt auch gleich damit. Ich helfe ihr, und gemeinsam befreien wir den Panther von seinen Flecken. (Beim Notieren meiner vorgehenden Meditation schreibe ich von einem weißen Pferd, dass mir statt des Panthers am Anfang der Meditation erscheint. Diese frühere Meditation habe ich erst später notiert. Erst in der Mitte der Notizen verwende ich das erste mal das Wort „Schimmel“ für das weiße Pferd, und zwar, als ich den Panther frage, ob er nun mein Krafttier sei, und was der Schimmel zu bedeuten habe. Erst zu diesem Zeitpunkt erkenne ich die Parallele zu dieser Reise. Der Panther hat den Schimmel mitgenommen. Interessantes Wortspiel!)

Nun, denke ich, ist die Zeit, Maria meine Frage zu stellen. Ich frage sie, wie ich meine Familie, also meine Eltern und auch meinen Bruder davon überzeugen kann, dass es nichts Bedenkliches ist, das wir bei Kurt machen, und wie gut uns die Meditationen und die Erfahrungen in dieser Gruppe tun. Maria spricht nicht, sondern es erscheint in ihr das Gesicht meiner Mutter. Sie weint, doch ich erkenne, dass es sich nur um eine Projektion handelt. Ein Bild meiner Mutter, als sie einmal geweint hat. Ich kann aber nicht sagen, aus welchem Anlass sie weint. Es erscheint mir auch nicht wichtig, sondern nur, dass die Antwort meine Mutter ist.

Ich erkenne, was das Bild bedeuten soll: Über meine Mutter erhalte ich den richtigen Zugang zu meiner Familie. Die Frage ist nur, wie?

Als ich das „Rätsel“ der Antwort gelöst habe, verschwindet das Gesicht meiner Mutter wieder, und Marias Gesicht ist wieder zu erkennen. Im Zurückverwandeln des Gesichtes sehe ich, wie vom Fuß der Gestalt eine tiefschwarze Flüssigkeit entweicht und rasch, ja geradezu fluchtartig im Boden versickert. Anscheinend wollte das was in der Flüssigkeit verborgen war nicht, dass es gesehen wird. Aber ich habe es gesehen. Doch was ist es? Es scheint etwas bösartiges oder zumindest etwas zu sein, das gegen mich agiert. Es ist nicht meine Mutter, dass ist sicher, das hätte ich erkannt. Automatisch muss ich an meinen Bruder denken, aber ich kann es mir nicht recht vorstellen, oder will es nicht.

Zu dritt – der Panther, Maria und ich - gehen wir in einen gleich angrenzenden Park mit Bäumen und einer kleinen Wiesenfläche um zu picknicken. Obwohl mich die schwarze Flüssigkeit momentan beunruhigt hatte, sind wir guter Stimmung. Maria klappt sogar die Kopfbedeckung ihres Kleides zurück, und ich kann ihre Haare sehen. Sie hat langes, braunes Haar. Mit Spangen hat sie zwei ein weinig lustig wirkende „Knödel“ hochgesteckt. Ich finde, dass sie nicht besonders gut passen, aber das fröhliche Gesicht von Maria lässt mich das bald wieder völlig vergessen.

Wir breiten eine Decke aus und setzen uns. Maria gibt mir einen Apfel und Rotwein. Wir essen und trinken, ich kann zwar den Apfel im Mund wahrnehmen, nicht aber den Geschmack.

Nachdem ich aufgegessen habe, zeigt Maria in Richtung eines Dschungels, in dem ich etwas zu finden habe. Sie lächelt, als sie mir das sagt. Ich will natürlich sofort hingehen, merke aber, dass der Panther neben Maria eingeschlafen ist. Maria krault ihn vorsichtig und sagt: „ Geh´ nur, er soll sich ausschlafen. Ich schicke ihn dir, wenn er wieder aufwacht.“

Also mache ich mich auf den Weg zum Dschungel. Kaum habe ich diesen betreten, sehe ich eine aztekische Pyramide. Rund um die Pyramide ist ein Weg aus Steinplatten mit ca. einem Quadratmeter Größe. Einige Platten sind schon zersprungen und verwachsen. Doch auf einer Platte kann ich ein Symbol entdecken. Das Symbol erhebt sich (eigentlich erhebt sich die ganze Platte), und ich kann es groß vor mir sehen: Ein Auge, umgeben von einem Kreis, mit kleinen Zacken daran. Es wirkt wie ein überdimensionales Amulett, das in die Steinplatte eingearbeitet wurde. Ist das mein Schutzsymbol? Es scheint eines zu sein.

Als das Symbol wieder verschwindet und ich wieder auf die Pyramide blicke, spüre oder höre ich, ich kann nicht genau sagen wie, dass diese Pyramide nur für mich gebaut wurde, und dass er bald nicht mehr hier sein wird.

Ich gehe die Steintreppen hinauf. Oben in der offenen Spitze des Tempels, steht ein großer Kupferkessel auf einem Feuer, in dem anscheinend eine Suppe zubereitet wurde. Ich nehme einen Schöpfer und koste die Suppe. Sie schmeckt recht gut und kräftigend, ich kann mich aber nicht mehr an den Geschmack erinnern.

Nachdem ich ein zweites Mal gekostet habe, steige ich den Tempel wieder hinunter. Unmittelbar hinter mir beginnt die Pyramide einzustürzen. Ich bleibe aber ganz ruhig dabei, da ich ja wusste, dass das passieren wird, und dass sie auch nicht schneller einstürzen wird, als ich gehe. Und tatsächlich fällt die Pyramide direkt hinter jedem meiner Schritte in sich zusammen, bis ich am Fuße angekommen bin und die gesamte Pyramide eingestürzt ist. Ich sehe nicht zurück und gehe weiter. Beim Vorbeigehen erkenne ich Brigitte und Karin, die sich unterhalten und kriege einen Satz mit, den Brigitte spricht: „Jaja, wenn ein Berg einstürzt, dann kann man das nicht aufhalten". (Zur Erklärung: Rechts, im Halbkreis, liegen neben mir in dieser Reihenfolge Daniel, Karin, Elfriede und Brigitte).

Ich verlasse den Dschungel und komme in die goldene Stadt zurück, wo bereits der Panther auf mich wartet und sich gerade genüsslich streckt. Wir beschließen, die Stadt jetzt wieder zu verlassen. Wir gehen der Grenze zwischen der Stadt rechts und dem Dschungel links entlang, bis wir zur Stadtmauer kommen. Wir müssen nach rechts abbiegen und den Weg weitergehen.

In der Mauer erkennen wir gleich nach der Wegbiegung ein Tor, durch das wir aber nicht gekommen sind. Es ist aus Holz. Der Weg vor dem Tor ist verwachsen, und Ranken schlingen sich vor dem Tor. Der Panther meint: „Das nächste Mal, wenn wir herkommen, gehen wir da hinein." Ich merke mir im Gedanken vor, dass ich beim nächsten Mal eine Machete mitnehmen muss.

Nur etwa hundert Meter weiter sehen wir das Tor, durch das wir in die Stadt gekommen sind. Es steht offen. In dem Moment fällt mir ein, dass ich ganz auf meinen Umhang vergessen habe, und versuche mich zu erinnern, wo ich ihn zuletzt noch hatte. Doch dann sehe ich ihn direkt vor dem Tor im Staub liegen. Ich hebe ihn auf, klopfe ihn ab und hänge ihn wieder an den Haken neben dem Tor.

Der Panther und ich gehen aus dem Tor über den Wolkenteppich bis zum Ende, von dem aus wir wieder nach unten fliegen wollen. Dort steht immer noch der Mann im Engelskleid. Er hat meinen Umhang über den Arm gelegt und sagt beruhigend zu mir: „Ich passe auf ihn auf, bis du das nächste Mal wieder kommst." Etwas verdutzt bedanke ich mich bei dem Mann und verabschiede mich.

Ich steige auf den Panther, der mich auch etwas verblüfft ansieht, und wir beginnen den Rückflug. Während des Fluges weist uns dann auch Kurt darauf hin, dass wir jetzt ans zurückkommen denken sollen. Ich segle also mit dem Panther nach unten. Der Flug geht ziemlich rasch nach unten, obwohl wir es eigentlich gar nicht so eilig hätten. Doch unten an meinem Kraftplatz angekommen sind der Panther und ich sehr glücklich, eine doch sehr schöne Reise erlebt zu haben. Ich betrachte noch mal sein Fell: Es glänzt in einem wunderbaren, samtigen Schwarz. Keine Flecken sind mehr zu sehen. Ich verabschiede mich vom Panther, der sich wieder auf den Weg in den Wald macht. Ich verabschiede mich vom Baum, drücke mich an seine Rinde. Ich verabschiede mit von den Geistern der vier Himmelsrichtungen. Sie weichen, die Gesichter zu mir gerichtet, von mir. Der Geist des Westens hält meine Hand sanft fest, bis unsere Finger auseinander gleiten.

Ich erwache sehr glücklich, auch wenn ich etwas schlapp bin. Ich stelle fest, dass ich anscheinend wieder sehr schwitzende Hände hatte und der Boden, wo meine Hände waren, sogar durch die Decke hindurch feucht ist.

In der Nachbesprechung stellt sich heraus, das auch Kerstin und Sylvia, die gleich nach Harald neben mir lagen, ebenfalls Maria auf ihren Reisen begegnet sind. Kerstin, deren geistiger Helfer Maria war, erhielt von Maria die Botschaft, dass sie eine Pause bei ihr einlegen werde. Ich frage mich, ob Maria nun zu mir und Sylvia öfters kommen wird, oder wer mir bei meiner nächsten Reise nach Shangrilla zur Seite steht.

Schamanische Schwitzhütte, erste Zeremonie, Gebete
Ternberg, Seminar Schamanische Schwitzhütte, Kurt Brückler
21.6.2002, ca. 20:00
Gebet für sich selbst, Mutter Erde, Familie, Schöpfung;
schamanische Trommel, Dijeridoo

Durch die Anstrengung des Hüttenbaus und die Hitze in der Hütte komme ich kaum mit den Atmen nach. Erst nach ein bis zwei Minuten kann ich mich entspannen.

Während des Gebetes versuche ich zu meditieren, was mir anfangs aufgrund der ungewohnten Situation und der Hitze sehr schwer fällt. Umso überraschter bin ich über die darauf folgende Erfahrung:

Es beginnt damit, dass ich es sehr ungewöhnlich finde, das Brigitte, die rechts neben mir sitzt, ständig ihre Hände am Rücken hat und die Ellbogen seitlich wegstreckt. Zu diesem Zeitpunkt ist mir nicht bewusst, dass ich die Augen geschlossen habe. Je länger ich dieses Bild vor meinem geistigen Auge betrachte, umso deutlicher wird mir, dass es sich um Flügel handelt, die von ihrem Körper abstehen, und dass ihr Körper ganz weiß ist. „Eine Taube", schießt mir durch den Kopf. Ist die Taube nicht Brigittes Krafttier? Ja, das muss es sein, ich sehe Ihr Krafttier. Also ich in die Runde blicke (immer noch mit dem dritten Auge), bemerke ich, dass die gesamte Runde in der Schwitzhütte aus Tieren besteht, jeder ist in Gestalt seines Krafttiers anwesend. Ich bin völlig verblüfft über die Klarheit dieser Vision.

Ich blicke durch die Runde, um einige Krafttiere zu erkennen. Es ist so, als ob wir rund um ein Lagerfeuer sitzen und nach und nach der Lichtschein des Feuers die einzelnen Tiere beleuchtet. Ich sehe den Adler (Kurt), den Delphin (Hans) und den Löwen (Daniel). Alle anderen sind zwar auch anwesend, doch kann ich mich nicht genug konzentrieren, um die Tiere zu erkennen.

Ich will diese Chance nutzen und versuche, Christas Krafttier zu erkennen, da sie bei den letzten Meditationen vom Wapitihirsch zum Weißkopfadler gewechselt ist. Doch es gelingt mir nicht.

„Doch halt, ich bin mir ja über mein eigenes Krafttier immer noch nicht sicher, warum schaue ich nicht mal selber auf mich?" denke ich bei mir und blicke auf meine Hände.

Hufe, ich sehe Hufe und lange weiße Beine. Ich sehe an mir hoch versuche meinen Körper zu erfühlen: ein Pferd, ein weißer Schimmel!

Das, was sich in den letzten Meditationen abgezeichnet hat, bestätigt sich in dieser Erkenntnis:

- Der weiße Fleck am Waldrand, von dem der Puma behauptet hat, dass es mein wahres Krafttier ist, das sich mir aber noch nicht zeigen will;
- Der Schimmel, der mir bei Beginn meiner ersten ungeführten Reise kurz begegnet ist, und auf den der Panther verärgert reagierte, als ich ihn erwähnte;
- Der Schimmel auf dem Fell des Panthers, den ich gemeinsam mit Maria in der oberen Welt weggewaschen habe.
- Die häufigen Farbwechsel des Panthers in weiß.

All das fügt sich zu einem Gesamtbild zusammen, zu meinem wahren Krafttier. Das muss es sein, ich habe keine Zweifel.

Euphorisch und erfreut über meine Vision öffne ich die Augen, und natürlich ist das Bild mit einem Schlag weg. Doch die Schwitzhütte hat sich schon gelohnt. Mit noch mehr Freude und noch mehr Verbundenheit mit der Schöpfung nehme ich an den gemeinsamen Gebeten teil, jetzt, da ich erkannt habe, wie nahe uns unsere Krafttiere und damit die Gesamte Tier- und Pflanzenwelt stehen muss, dass wir sogar diese Welt in uns verkörpern können.

Nach der Schwitzhütte spreche ich mit den anderen über mein Erlebnis und zähle die Tiere auf, die ich gesehen habe. Brigitte jedoch erzählt mir, dass ihr Krafttier nicht die Taube, sondern die Schwalbe ist. Aber schon seit ihrer Kindheit ist die weiße Taube ihr Lieblingstier.

Ich habe während meiner Reisen bisher noch keinen Energiefluss gespürt, und ich habe auch nichts gesehen, was einem Zu- oder Ablauf von Energie entsprechen würde.

Ich glaube aber, dass ich, wie jeder andere Mensch, auch jetzt schon in der Lage bin, Energie aufzunehmen und weiterzugeben. Diese Gabe zu besitzen heißt aber nicht, diese Energie auch zu sehen. Aber ich weiß, dass ich meine Kraft lenken kann, und ich werde daran arbeiten, diese Kraft sinnvoll zu nutzen. Vielleicht wird mir dann auch die Gabe gegeben, diese Energie zu spüren oder zu sehen. Das würde mich sehr glücklich machen.

Auf jeden Fall haben diese Reisen aber in mir völlig neue Gefühle geweckt, viel stärker, als ich sie mir vorher vorstellen konnte. Diese Geschichten zeigen mir einen Weg. Darum fügen sich auch die einzelnen Details immer wieder zusammen, um so ein großes Gesamtbild „meiner" Welt zu erzeugen. Ich bin schon sehr gespannt, was mich auf diesem Weg noch alles erwarten wird.

# HEIMKEHR DES GROSSEN GEISTES

27.10.2000

Nun bin ich nicht mehr blind und taub,
kann dich wieder sehen und hören,
Großer Geist, du flüsterst mir zu.
Wir sind wieder Brüder.
Deine Stimme höre ich im Wind,
in den Bäumen und im Wasser.
Ich fühle mich nicht mehr allein gelassen,
endlich laufe ich wieder
durch das strahlende Licht
und bin auch mit dem Kosmos und der
Mutter Erde wieder vereint.
Dadurch ziehe ich wieder
das Leben, die Liebe an mich.
Von dir werde ich beraten:

„Du sollst nie den alten Weg verlassen,
und ich bringe dir mit das Wissen und das Licht –
du deinen Leib, Geist und die Seele.
Nun vereinigen wir uns endlich wieder –
ICH und DU – dadurch wirst du den alten Weg betreten
und kehrst zurück in des Schöpfers Licht!"

# DIE EINLADUNG

Es interessiert mich nicht, wie du deinen Lebensunterhalt verdienst.

Ich will wissen, wonach du dich so sehr sehnst, dass es dir weh tut, und ob du davon träumen wagst, dem zu begegnen, wonach sich dein Herz verzehrt.

Es interessiert mich nicht wie alt du bist.

Ich will wissen, ob du es riskierst, für deine Liebe als Narr dazustehen, für deine Träume und das Abenteuer, zu leben.

Es interessiert mich nicht, wie deine Sterne stehen.

Ich will wissen, ob du zu deinem wirklichen Leid vorgedrungen bist, ob dich der Verrat des Lebens geöffnet hat oder ob du dich zusammengezogen und verschlossen hast vor der Furcht oder weiterem Kummer.

Ich will wissen, ob du Schmerz aushalten kannst, meinen oder deinen eigenen, ohne zu versuchen, ihn zu verstecken, verblassen zu lassen oder zu manipulieren.

Ich will wissen, ob du Freude empfinden kannst, meine oder deine eigene, ob du voller Wildheit tanzen kannst und dich von den Finger- bis zu den Zehenspitzen in einen Rausch versenken kannst, ohne zu mahnen, vorsichtig zu sein, oder realistisch, oder an die Grenzen des Menschseins zu erinnern.

Es interessiert mich nicht, ob die Geschichte, die du mir erzählst, wahr ist.

Ich will wissen, ob du einen anderen enttäuschen kannst, indem du dir selbst treu bleibst.

Ob du die Anschuldigungen, betrogen zu haben, ertragen kannst und ob du nicht deine eigene Seele betrügst.

Ich will wissen, ob du treu sein kannst und damit vertrauenswürdig.

Ich will wissen, ob du Schönheit sehen kannst, auch wenn sie nicht jeden Tag sichtbar ist.

Und ob du dein Leben aus Gottes Gegenwart speist.

Ich will wissen, ob du mit Versagen leben kannst, deinem und meinem, und trotzdem noch am Ufer des Sees stehen kannst und dem Silber des Vollmondes „Ja“ zurufen kannst.

Es interessiert mich nicht, wo du wohnst oder wie viel Geld du hast.

Ich will wissen, ob du nach einer Nacht voller Trauer und Verzweiflung aufstehen kannst, ausgelaugt und zermartert, und tun kannst, was für die Kinder getan werden muss.

Es interessiert mich nicht, wer du bist, oder wie du hierher gekommen bist.

Ich will wissen, was dich in deinem Inneren hält, wenn alles andere wegbricht.

Ich will wissen, ob du mit dir alleine sein kannst, und ob du die Gesellschaft, die du in diesen einsamen Momenten hast, wahrhaft magst.

Anonym, indianischer Stammesältester

Er spricht mir aus meinem Herzen.

Kurt

# NACHWORT

## „ÖFFNE DICH, UND LASS MICH DEIN HERZ BERÜHREN"

Der Land-Schamane

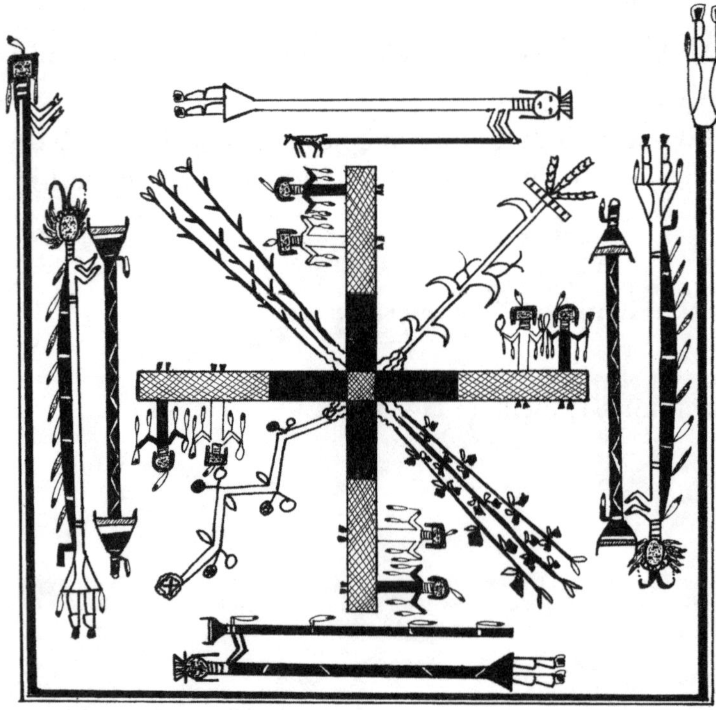

*Heilungsbild der Navajo zur Wiederherstellung der inneren und äußeren Harmonie (Hózhó).*